ESSA TAL DE GANG 90 & ABSURDETTES

Gang 90 & Absurdettes

Jorn Konijn

ESSA TAL DE GANG 90 & ABSURDETTES

Gang 90 & Absurdettes

Cobogó

SUMÁRIO

Sobre a coleção **O LIVRO DO DISCO**   7

1. Convite ao prazer   9

2. Românticos a Gô-Gô   27

3. Perdidos na selva   43

4. Nosso louco amor   61

5. Noite e dia   77

6. Telefone   95

7. Eu sei, mas eu não sei   125

8. Jack Kerouac   151

9. Mayacongo   177

10. Spaced Out in Paradise   197

Nota do autor   213

Sobre a coleção O **LIVRO DO DISCO**

Há, no Brasil, muitos livros dedicados à música popular, mas existe uma lacuna incompreensível de títulos dedicados aos nossos grandes discos de todos os tempos. Inspirada pela série norte-americana 33 $^1/_3$, da qual publicamos volumes essenciais, a coleção O Livro do Disco traz para o público brasileiro textos sobre álbuns que causaram impacto na vida de muita gente. E na nossa também.

Os discos escolhidos privilegiam o abalo sísmico e o estrondo, mesmo que silencioso, de cada obra em seu tempo ou de forma retrospectiva. Os álbuns selecionados são incontornáveis em qualquer mergulho mais fundo na cultura brasileira. E o mesmo critério se aplica aos estrangeiros: discos que, de uma maneira ou de outra, quebraram barreiras e definiram novos paradigmas — dos mais conhecidos aos mais obscuros, o importante é a representatividade e a força do seu impacto na música. E em nós! Desse modo, os autores da coleção têm as mais diversas formações, escrevendo livremente sobre álbuns que têm relação com sua biografia ou seu interesse por música.

O Livro do Disco é para os fãs de música, mas é também para os que querem ter um contato aprofundado, porém acessível, com a história, o contexto e os personagens ao redor de obras históricas.

Pouse os olhos no texto como uma agulha no vinil (um cabeçote na fita ou um feixe de laser no cd) e deixe tocar no volume máximo.

1. Convite ao prazer
(Wander Taffo/Lee Marcucci/Júlio Barroso)

Um sonho estranho nas paredes do prédio
Prefiro morrer de vodka do que de tédio
Acendo um cigarro e vou até a janela
Na rua umas sombras à luz do luar
do luar, sombras à luz do luar

Desço a escada e vou até a calçada
Entre gatos e gatas amantes da noite
Segunda avenida toda iluminada
Zig, Zag, flash da luz de néon
de néon, flashes da luz de néon

Sybil Walker sai da porta de um bar
A noite é fria e é tão bom conversar
A noite é fria e é tão bom se esquentar
Na sua casa um banho quente tomar
Dentro da banheira, espumas flutuantes
No jeito do corpo vejo crescer seu desejo
No brilho dos olhos um convite ao prazer
Ao prazer, um convite ao prazer

Ao prazer, um convite ao prazer
Splish, splash, jatos de amor
No brilho dos olhos vejo crescer seu desejo
No jeito do corpo, um convite ao prazer
Ao prazer, um convite ao prazer

© EMI Songs do Brasil Edições Musicais Ltda./Universal Publishing Mgb

Os Vermeulen são uma típica família holandesa da classe trabalhadora. Oito filhos: quatro meninos e quatro meninas. Alice, a filha do meio, pequena e aparentemente frágil, mas também esperta, divertida e sonhadora, queria ser dançarina. Uma bailarina de fama internacional que viajaria pelo mundo e aproveitaria a vida ao máximo. Seus irmãos e irmãs eram menos aventureiros, exceto por Frank, que queria ser o Bob Woodward holandês, um jornalista com poder para derrubar presidentes. Os demais estavam presos ao lar, prontos para criar as próprias famílias e encontrar empregos estáveis.

Em uma noite fria e cinzenta de dezembro de 1980, os Vermeulen se reuniram para uma conversa informal. A discussão nessa noite era tão surpreendente quanto absurda. Alice, com seus 20 anos, tinha aparecido com a ideia de comprar uma passagem de avião para o outro lado do mundo: o Brasil, na América do Sul. *O que ela estava pensando?* Frank e Roel, as vozes mais fortes dentre os irmãos Vermeulen, começaram a argumentar:

— Alice, você não sabe o que está dizendo! Brasil? Sério? O Brasil é um país pra onde vão criminosos de guerra nazistas. Um país de trambiqueiros, de ladrões de banco! — começou Frank. Depois de uma pausa esperando alguma reação de Alice, ele continua:

— Sabe quem foi pra lá? Os caras do grande assalto ao trem pagador! É esse tipo de gente que vai pro Brasil. Esse *não* é um país pra você, Alice! *Não* é um país pra uma garota de Tilburg! De jeito nenhum!

— Se você quer fugir da Holanda tão desesperadamente — acrescentou Roel —, vai pra Bélgica, pra Alemanha... ou pra Irlanda. Você foi lá há pouco tempo e gostou, não foi?

Alice não piscou nem se comoveu com os apelos gerais. Ela estava decidida. Então sua irmã Judith entrou na conversa, num tom diferente, mais gentil.

— Alice, fala sério. Use seu bom senso e pense racionalmente. Você só tem 20 anos. Está indo superbem na Escola Nacional de Balé, e é uma bailarina de muito talento. Por que largar tudo agora, jogar fora tudo que você conquistou?

De novo, apenas o silêncio. Então Judith se voltou para o pai:

— Fala alguma coisa, pai!

Como de costume, o pai, a alma silenciosa no canto, não disse uma palavra. Assim, Judith se voltou mais uma vez para Frank e Roel.

— Vocês estão certos. — E mais uma vez para Alice: — Você simplesmente não pode ir!

Nesse momento, a mãe de Alice abandonou a sala em silêncio, como quem desaprovava as ideias de Alice e mesmo a própria discussão. Alice sabia que a mãe seria contra sua partida para o Brasil. Entretanto, também sabia que ela esperaria o marido tomar a decisão final. Observando em silêncio os filhos cada vez mais nervosos com a situação, o pai encarou Alice. Ela tinha aquele olhar que ele já vira muitas vezes antes. Um olhar cheio de certezas. As outras irmãs de Alice estavam, até aquele momento, em silêncio. Hedwig estourava bolas de chiclete e Sylvia tinha acabado de entrar na sala, descendo as escadas.

— Que história é essa? Por que tanta gritaria? Estou tentando dormir lá em cima, esqueceram?

Fez-se silêncio até Roel deixar escapar um suspiro pesado.

— É a Alice. Ela quer ir pro Brasil.

— O quê? Por quê? Ela acabou de voltar da Irlanda. Já não deu? — perguntou Hedwig, irritada.

Alice desviou o rosto. Quem eram *eles* para decidir sobre suas viagens? Ela estava determinada a ir para o Brasil, com ou sem permissão da família. Ninguém a impediria. Ela queria se afastar de Tilburg e de sua mentalidade provinciana. Daquela vila sem graça, de bares insossos e vida noturna inexistente. Dos garotos fazendeiros sem graça alguma. Ela queria aventura.

Poucos meses antes, Alice tinha apenas uma vaga noção do que era o Brasil, um país distante, para onde nunca lhe ocorrera a ideia de ir até então. Isso foi antes de encontrar Rosana Pires Azanha. Elas se conheceram na festa de um amigo em comum, Wim, e se deram superbem. Falaram de música, desejos e planos, e de garotos. Conversaram por horas, até alguém olhar pela janela no meio da noite e gritar:

— Neve!

Rosana pulou.

— O quê?

— Neve! — repetiu Alice, com entusiasmo.

— Sério!? Nunca vi neve!

— O quê? Jura?

— É, eu nunca vi!

— Viu? — interrompeu Alice. — Não é questão de ver... você tem que tocar! Sentir! Tem que provar. Vamos lá fora!

Alice vestiu depressa o casaco e arrastou Rosana para a rua, queria que ela sentisse os primeiros flocos de neve caindo no rosto.

— Aaaaaaaaaah! — gritou Alice, feliz, na rua.

Rosana hesitou por um instante. Estava muito frio, mas a animação da amiga era tão contagiante que ela a seguiu para a rua, chocada demais para dizer qualquer coisa. Apenas abriu um enorme sorriso. Feliz com a neve. Feliz com as pessoas que havia conhecido, especialmente Alice, que pensava como ela, Rosana botou a língua para fora e provou os floquinhos de neve. Ao mesmo tempo, Alice raspou um bocado de neve fresca do asfalto e atirou na direção da nova amiga. As duas caíram na gargalhada.

No dia seguinte, elas voltaram a se encontrar. Haviam se visto pela primeira vez há menos de 24 horas, mas sentiam como se já fossem amigas há anos.

— Quantas semanas você ainda fica por aqui, antes de voltar para casa? — perguntou Alice.

— Só mais duas... Mas quero ficar mais! Gostei daqui.

Rosana era mais tímida que Alice, mas sabia tanto quanto ela o que queria da vida. Seus pais eram menos rígidos que os de Alice. Não lhe negavam nada que ela quisesse de verdade, especialmente porque o pai não resistia ao sorriso da filha. Seis meses antes de conhecer Alice naquela noite nevada de inverno, Rosana tivera a ideia de viajar pela Europa entre a escola e a faculdade. Uma pequena aventura de férias, para explorar o mundo e fazer amigos. Só a ideia a deixara feliz por dias.

— Por que esse sorriso enorme? — perguntara a mãe.

— Nada, mãe... — viera a resposta.

Mas ela já estava pensando em um bom roteiro de viagem. Começar em Paris? Cidade do amor. "Chique, né?" Depois Londres. Caetano e Gil haviam morado lá e fizeram canções incríveis na época. "Imperdível!" O que mais? Lisboa, fácil por conta da língua. Barcelona? Temperatura gostosa. Bruxelas? Caetano também tinha cantado algo sobre ela. *Ive Brusseeeel!*

Rosana nunca pensara na Holanda antes de ir parar em Tilburg. Já tinha ouvido falar do país. Terra de Maurício de Nassau. Das tulipas e do queijo. O pai tivera raiva dos holandeses alguns anos antes, por causa da vitória sobre o Esquadrão de Ouro.

— Era o time de Paulo Cézar, Jairzinho e Rivellino. Como eles puderam perder para a Holanda? — dizia revoltado.

Era tudo o que sabia do país. Nunca havia pensado em ir até lá. Rosana foi, então, para Paris, só que a experiência acabou sendo menos romântica do que o esperado. E ela só começou a aproveitar a viagem depois que conheceu um grupo de holandeses simpáticos no hotel. Se entendeu com eles. Saíam juntos, rindo dos franceses e de seu esnobismo. Quando o grupo decidiu voltar para a Holanda e convidou Rosana a seguir com eles, ela não hesitou um segundo. O ônibus levou sete horas de Paris para Tilburg, mas lhe pareceu menos que uma. Rosane se divertia, rindo e brincando com um dos garotos do grupo, Wim, um rapaz gay bastante amável que parecia não ter filtros. Dizia o que queria, e não ligava se era ou não ouvido.

— Como é Tilburg? — perguntou Rosana no meio da viagem.

— Chatíssima! É todo mundo bem idiota! Todo mundo feio!

Rosana riu alto.

— Sério? Como assim, chata? Idiota como? E quão feio, exatamente? Hahaha!

— Confie em mim, querida! A cidade é imensamente chata, as pessoas incrivelmente idiotas e muito, muito feias!

Quando chegou a Tilburg, Rosana descobriu que o exagero de Wim tinha um bom fundo de verdade. A cidade era mesmo chata. Mas, apesar dos comentários de Wim sobre os garotos, ela os achou bem bonitinhos. Assim que começou a conversar com eles descobriu, no entanto, que não eram os mais inteligentes.

— Brasil? — perguntavam, erguendo as sobrancelhas. — Não é aquele país de ladrão de banco?

Talvez por isso tenha se surpreendido ao conhecer uma figura tão especial quanto Alice, nesse país tão ignorante quanto ao seu. Ela não falou de "ladrões" nem uma vez. Era aberta, direta e divertida. Falava com uma energia incrível e de forma muito informal, o que Rosana aprenderia a amar nos anos seguintes. Um dia, do nada, Alice perguntou:

— Quer sair para dançar hoje?

— Claro! — respondeu Rosana, perguntando em seguida:

— Como dançam os holandeses? — pesando consigo mesma se de fato havia algo como garotos holandeses que dançam. Do pouco que havia visto, não conseguia imaginar. E começou a rir, fazendo Alice rir junto, sem saber do quê.

— Então... vamos! — disse Alice.

— Agora? Você quer sair para dançar agora? Ainda são oito da noite! Vocês saem pra dançar às oito?

Outro ataque de riso entre as duas.

— É! Que loucura, né? — disse Alice. Sua risada era contagiante, levando Rosana a concordar.

— Loucura mesmo! Mas vamos lá.

Naquela noite, Rosana descobriu que os garotos holandeses não sabiam mesmo dançar. E nem tentavam. Ficavam parados no bar, fumando tabaco com ares de deprimidos. Mal notavam as garotas.

— É tão diferente do Brasil — disse Rosana para Alice.
— Por que os garotos não estão dançando e flertando? — perguntou, surpresa.
— Porque eles são um saco! Mas quem liga? Vamos dançar juntas! — respondeu Alice, pisando a pista de dança.

Rosana admirava a amiga. Ela era descolada, tinha o cabelo curtinho à maneira de Elis Regina e usava um vestidinho preto justo. No Brasil, Rosana costumava dançar a noite toda, ao som de alguma banda que tocasse ao vivo. Naquela boate de cidade pequena, porém, um DJ tocava discos e falava por sobre a música com uma voz melosa holandesa. Se ele ao menos calasse a boca! Aí, sim, ela dançaria feliz ao som de Donna Summer, The Jackson 5 e Curtis Mayfield. Mas, mesmo com o papo do DJ, ela estava à vontade. Finalmente, Rosana vivia a aventura que procurava ao começar a viagem. E Alice, como se esse fosse seu ritual diário, também se divertia. As amigas dançaram até a boate fechar e continuaram conversando depois na casa de Wim.

— Conheci uma banda muito boa em Dublin — contou Alice. — Eles se chamam U2 e são meio punk, meio rock. Vão tocar semana que vem em Paris, abrindo para os Talking Heads. O empresário deles, Tim, me convidou, mas eu não queria ir sozinha. Quer ir comigo?

"Paris? De novo, não", foi o que Rosana pensou primeiro. Mas, logo em seguida, refletiu melhor: "Quem liga?" Ela estaria com Alice e uns roqueiros irlandeses. O que mais podia querer?

— Claro! Vou com prazer!

Assim, alguns dias depois, as duas pegaram um ônibus para a Antuérpia, em seguida para Bruxelas e, finalmente, para Paris. Tinham combinado de encontrar Tim em um bar local, e, ao entrarem, o viram acenar alegremente. Ele abraçou e beijou

Alice efusivamente e se apresentou para Rosana.

— Meu nome é Tim. E este aqui é o Adam, baixista da banda. Você se lembra dele, Alice?

— Claro! Oi, Adam — cumprimentou Alice, afetuosamente.

— Esta é minha querida amiga Rosana! Veio lá do Brasil.

Os caras ficaram impressionados. *Brasil. Uau!* Duas garotas exóticas diante de dois garotos católicos irlandeses simplórios. Nada mal. Então, eles riram, beberam cerveja e conversaram sobre tudo, da suposta qualidade de *Fama*, sucesso nos cinemas da época, à situação política em El Salvador. Em algum momento, Adam se assustou.

— Merda, que horas são? Acho que estou atrasado. Precisamos ir.

Tim pagou rapidamente pelas bebidas e então saíram todos do bar, Adam vestindo apenas uma camiseta.

— Você não está com frio? — perguntou Rosana.

— É, eu estou com um pouco de frio... está congelando aqui fora — respondeu ele.

— Eu trouxe outra jaqueta comigo, com medo de esfriar mais. Quer emprestada? — ofereceu ela.

— Se puder, eu aceito. Está muito frio mesmo — disse Adam, gentilmente.

Correram então para o Pavillon Baltard, Adam com a jaqueta de Rosana. Quando chegaram à casa de shows, foram direto para a entrada dos artistas e bateram na porta. O segurança abriu e olhou para eles, desconfiado.

— *Billets à la porte, s'il vous plaît!*

— O quê? — responderam os quatro.

— Ingressos... *à la porte!* — insistiu o segurança, com raiva, apontando para a entrada principal.

— Mas... eu toco aqui hoje — respondeu Adam, inseguro.

— O quê? — perguntou o homem. — *Quel group?*
— Que banda... ele perguntou — traduziu Alice.
— U2 — murmurou Adam.
— U2? *Jamais entendu parler.*
— O que ele disse, Alice? — perguntou Adam.

Alice foi atrás do segurança. Ela havia estudado francês na escola e ainda sabia um pouco.

— *Monsieur. S'il vous plaît, vérifiez!*

Insatisfeito, o segurança pegou uma lista.

— U2? — perguntou para os garotos.
— *Oui!* — responderam os quatro.

O segurança examinou a lista e, depois de alguns resmungos, finalmente encontrou.

— Ah... *ici.* U2... *Entrez.*

Os quatro se esgueiraram porta adentro, rindo, orgulhosos e aliviados.

O U2 fez um ótimo show. Eles tinham acabado de gravar o primeiro álbum, que trazia alguns rocks bem fáceis, comerciais, como "I Will Follow" e "Tonight". Alice e Rosana estavam de pé na primeira fileira, dançando e cantando. Rosana especialmente orgulhosa, por Adam, o descolado baixista, usar sua jaqueta durante o show inteiro! O show principal, dos Talking Heads, também foi muito bom, mas as garotas sentiam uma conexão especial com o U2. Eram seus amigos! No palco principal! Em Paris! Ao final do show, ficaram por ali ainda um tempo, nos camarins com Tim, e depois seguiram para o hotel com a banda. Ficaram com os garotos até de manhã, quando Alice escapuliu para a cama de Tim e Rosana seguiu com o grupo, todos, aos poucos, caindo de sono. Pilhadas de adrenalina com a aventura, se despediram dos garotos no dia seguinte e pegaram o ônibus de volta para Tilburg.

Uma semana depois, a aventura europeia de Rosana chegava ao fim, ela precisava voltar ao Brasil para começar as aulas na universidade. Tinha visto Alice todos os dias desde o momento em que se conheceram. Quando se despediram, emocionadas, sentiam que eram amigos há anos.

— Você vai me escrever? — Alice perguntou a Rosana.

— Vou, claro. Mas você vai ter que me prometer que vai ao Brasil. Logo!

— Prometo.

Elas se abraçaram por um longo tempo antes de Rosana entrar no avião para Londres, onde pegou a conexão para São Paulo.

No trem do aeroporto para Tilburg, Alice escreveu sua primeira carta para Rosana.

"Quero tanto ir ao Brasil que poderia ir nadando!", escreveu. A conexão que sentira com Rosana era tão forte que não conseguia simplesmente deixar para lá. Ela *precisava* ir. E não queria esperar muito tempo. Mas não tinha dinheiro, especialmente o dinheiro necessário para chegar ao outro lado do mundo. Fazia alguns bicos, limpando casas e fazendo bonecas para crianças. Mas quase ninguém comprava suas bonecas, então acabava gastando o dinheiro que devia estar guardando. Finalmente, encontrou um novo trabalho, que consistia em escrever uma peça infantil para a escola local. "Vai ser realmente espetacular, Rosana! Estou tentando escrever a respeito do que sinto sobre o mundo. Sobre energia nuclear, multinacionais e política em países como o seu! Vai ser sobre a Rússia, os Estados Unidos, as armas nucleares, a corrida armamentista, a guerra e a decadência nos países ocidentais", escreveu para Rosana. "Vou usar projeções enormes de slides, jornais, grafites, notícias, música punk, tudo. Estou curiosa para saber se as crianças vão gostar!"

Mais uma vez, porém, esse era um trabalho pequeno, que também não pagava o suficiente para custear uma passagem de avião até São Paulo. Alice visitava a agência de viagens quase todos os dias para pesquisar opções mais baratas, mas tudo era muito caro. Ela até checou a possibilidade de ir de navio, mas era praticamente inexistente, igualmente cara e levava trinta dias. Então não havia nada mais a fazer senão esperar e procurar uma solução. Nesse meio-tempo, ela pesquisava ao máximo sobre o Brasil e sobre São Paulo. Escreveu de novo para Rosana: "Descobri que São Paulo fica no trópico de Capricórnio... e eu fui batizada em homenagem à cidade australiana de Alice Springs, que também fica no trópico de Capricórnio! Isso deve significar alguma coisa!"

Fazer Alice chegar a São Paulo era o principal assunto da correspondência entre as duas, mas elas discutiam também outras coisas, como música.

"Ando superfã dos Talking Heads esses dias. Talvez até mais do que do U2. Acho que os caras do U2 estão ficando religiosos demais. Tim está pensando até em largar a banda. Sabe, acho que vou virar punk, ou new wave... sei lá... sinto que meu gosto está mudando!"

Rosana escrevia de volta, dizendo que não havia esse tipo de música em São Paulo. "É impossível conseguir isso aqui!"

Claro que elas também falavam de garotos. "Tim continua a escrever e ligar", continuava Alice. "Mas estou meio de saco cheio dele. Ele é meio devagar... e não gosto de gente devagar. Basta a gente transar uma vez e eles já acham que a gente está namorando."

Em uma tarde chuvosa, Alice estava em casa quando o telefone tocou. Ao atender, ouviu Tim do outro lado. Ela tentou soar entusiasmada, mas não conseguia esconder o desinteresse. Tim tentou lhe dizer quanto sentia saudades e quanto queria vê-la, mas ela o ignorava e falava da dificuldade de ir para São Paulo.

— Por que você não disse antes? — respondeu Tim, de repente. — A gente trabalha com uma agência de viagens excelente, tenho certeza de que consigo uma passagem superbarata pra você.

— Uau, Tim! Muito obrigada. Se puder ver isso pra mim, seria mesmo ótimo!

No dia seguinte, Tim ligou para dizer que havia encontrado uma passagem que cabia no orçamento de Alice. — É uma viagem meio comprida. Você voa primeiro pra Nova York, depois pra Miami, depois para o Peru e, finalmente, pra São Paulo.

— Não tem problema! O importante é chegar a São Paulo mesmo. Uau, que legal, Tim! Muito obrigada!

— O melhor de tudo é que eu vou estar em Nova York também. A banda foi chamada pra tocar lá, então a gente pode sair!

Alice ficou em silêncio por um segundo e, com seu pouco entusiasmo, soltou um "Éééé" meio falso. Quando desligou, gritou um "ÉÉÉÉÉÉÉÉ!" de verdade, longo e sincero. Não porque veria Tim em Nova York, mas porque veria Rosana em São Paulo. Finalmente encontrara um jeito de chegar lá. O próximo desafio era convencer os pais a deixá-la ir.

Na sala dos Vermeulen, a reunião continuava. Os irmãos e irmãs de Alice discutiam fervorosamente. A maioria era contra sua viagem ao Brasil. Em parte por inveja, em parte por proteção, mas principalmente porque a ideia era absurda. Por fim, seu pai se manifestou.

— Não conheço o Brasil, Alice, mas sei que é muito longe e muito mais perigoso que aqui. — Ele fez uma pausa. — Também sei que você quer diversão e aventura e não pode ser impedida. Se nos prometer que ficará com Rosana e os pais dela, que ligará pelo menos uma vez por semana para dar notícias e que voltará antes do Natal, pode ir.

Ele fez mais uma pausa e concluiu:

— Ah, e o dinheiro para a passagem é por sua conta.

As palavras do pai deixaram a sala em completo silêncio. Roel suspirou. Judith virou o rosto de forma melodramática, levantou-se e subiu as escadas, voltando para o quarto. Os demais continuaram ali, incrédulos. Exceto por Alice, que␣sorria de orelha a orelha.

Alice levou quase três meses para juntar o dinheiro da passagem, mas, quando conseguiu, levou apenas alguns dias para partir. Era um dia chuvoso e cinzento em Schiphol quando Alice chegou para a primeira parte da viagem. Embora muitos na família Vermeulen discordassem de sua aventura, a maioria foi ao aeroporto se despedir. Ela se sentiu amada, ao mesmo tempo que tinha um forte impulso de se desgarrar do rebanho. O grupo havia chegado quatro horas antes do embarque. O balcão de check-in ainda nem estava aberto. O café que tomaram antes da despedida pareceu durar uma eternidade. Finalmente, chegou o momento em que Alice abraçou a família, passou pela segurança e embarcou em sua aventura.

A primeira parte da viagem foi rápida. Em Nova York, tinha apenas algumas horas para encontrar Tim e a banda. Saindo do aeroporto JFK, Alice pegou um ônibus até a cidade e, ao chegar à Grand Central Station, andou até um orelhão. Tirou então um papelzinho da bolsa com um número de telefone. No entanto, ao tirar o telefone do gancho e olhar para o papel, percebeu que não queria encontrar a banda, muito menos Tim. Ele era insistente demais, a desejava demais. O gesto carinhoso de encontrar aquela passagem barata para ela era apenas uma forma de levá-la a Nova York para encontrá-lo. Ela hesitou e colocou o telefone de volta no gancho. Queria passar as poucas horas que tinha em Manhattan sozinha. Passeou algumas horas pelas ruas, se sentindo independente, uma adulta de verdade, quase uma mulher de negócios, antes de prosseguir a viagem. Por fim, voltou para o aeroporto, pegou o avião para Miami, fez conexão para Lima e seguiu até seu destino final: São Paulo.

Rosana havia lhe falado muito sobre São Paulo, ainda assim Alice ficou incrivelmente impressionada com o mar de prédios que viu da janela do avião ao se aproximar da cidade. O tamanho ia muito além do que podia imaginar. Ela se sentia nas nuvens ao cair no abraço de Rosana no desembarque. A combinação do calor com a falta de sono e a longa viagem a deixava tonta. No entanto, não queria fechar os olhos no caminho do aeroporto para a cidade: prédios amontoados, gente andando nos viadutos, ruas imundas. *Bem-vinda a São Paulo*.

Rosana e Alice retomaram a intimidade do ponto em que a haviam deixado. A fome de aventura e diversão continuava, e Rosana queria apresentar a Alice os novos melhores lugares da cidade.

— Quero te levar a uma danceteria que acabou de abrir — disse. — Muito diferente daquela boate de Tilburg! Mas também diferente do resto daqui. É nova e superanimada!

— Que legal! Mal posso esperar! — respondeu Alice. — Como se chama?

— Pauliceia Desvairada.

— Pauli quê? — perguntou Alice, já rindo. E as duas caíram na gargalhada.

— Quando você vai me levar? — perguntou Alice.

— Amanhã à noite. Mas não às oito! — respondeu Rosana, e as duas voltaram a rir.

Na noite seguinte, pegaram um táxi para o novo *point*. Ficava num lugar estranho, dentro de um prédio comercial. As vitrines fechadas davam um ar meio assustador. Exceto por alguns faxineiros nos corredores, estava tudo vazio. No entanto, ao entrar na danceteria, se depararam com o contrário: o lugar estava lotado. Uma galera jovem, new wave, todo mundo feliz, se divertindo. A estética e a música tinham algo de novo, um pouco como Alice imaginava que seriam as casas noturnas de Nova York. E o DJ não tocava música brasileira, só bandas americanas como Kid Creole, B-52s e Talking Heads. Ele era cheio de energia, superativo dentro da cabine, pendurada sobre a pista, e se conectava pra valer com o público, acenando, gesticulando e sorrindo. Alice e Rosana adoraram a música e se jogaram com toda a energia na dança. Em certo ponto, parecia que o DJ acenava para Alice.

— Rosana... acho que o DJ está fazendo sinais pra mim... Ou aqui é assim mesmo?

Rosana olhou para cima e viu que o DJ estava mesmo acenando.

— Acho que está! Você devia subir e falar com ele!

— O quê? Não! Por que eu faria isso? — respondeu Alice, um pouco tímida.

No entanto, começou a dançar de forma mais sensual. O DJ trocou o disco e colocou para tocar "Another World", de Joe Jackson, ainda tentando chamar a atenção de Alice. Ela sorriu e, um pouco hesitante, decidiu ir até a cabine. "Suba, suba", Alice o via gesticular. Subiu então a escadinha até a mesa de som.

— Você parece a Sybil Walker! — gritou o DJ para ela, em português.

Alice não fazia ideia do que ele dizia. Será que ele queria uma bebida?

— Você quer um Johnny Walker? — gritou de volta, em inglês, tentando se sobrepor à cantoria de Joe Jackson.

— Ah, você não é brasileira — respondeu o DJ, em inglês fluente. — Bem que eu imaginei. Eu disse que você parece a Sybil Walker! — repetiu sorrindo.

— Quem? — perguntou Alice, rindo de volta.

— Sybil Walker! Uma supermodelo de Nova York. Vocês têm o mesmo cabelo. Muito legal.

— Obrigada.

Ela sorria. Ele era alto, usava uns óculos enormes e começava a ficar meio careca. "Não é tão gato", pensou. Mesmo assim, ele tinha um olhar forte e decidido.

— Achei que você queria um Johnny Walker — brincou ela.

— Eu adoraria, mas posso pegar um pra você também?

— Você pode sair da cabine assim?

A música de Joe Jackson estava quase acabando, e Alice apontou para o disco. O DJ rapidamente voltou para a pilha de vinis e pegou *Dreaming*, do Blondie. Botou no toca-discos, fez a transição e se voltou para Alice.

— Agora posso!

Eles desceram até a pista, ele cumprimentou alguns amigos, beijou algumas garotas na bochecha e abraçou os garotos. No bar, o barman serviu dois Johnny Walker sem que eles precisassem dizer nada. O DJ se aproximou de um cara negro no bar e pediu que ele tomasse seu lugar na cabine. Finalmente, se virou para Alice. Podia ver em seu olhar que ela estava impressionada. Naquele momento, ela o olhou nos olhos e soube que, dali em diante, sua vida mudaria de vez.

— Meu nome é Júlio.

2. Românticos a Gô-Gô
(Júlio Barroso/Alice Pink Pank)

Donga, Cartola, Guevara, Sinhô
Jimi, Caymmi, Roberto, Melô
Rita, Lolita, Del Fuego, Bardot
Gato, Coltrane, Picasso, Cocteau
Zeca, Zé Keti, Gigante, Wally
Jorge, Lonita, Sarita, Ceci
cummings, John Donne, Augusto, Pagu
Yoko, Rodchenko and B-52
Nietzsche, Nijinski, Allan Poe
Sheena, Marilda, Tzara, Seurat
Arto, Ornette, Isadora, Monroe
Marley, Duchamp, Oiticica, Xangô

© EMI Songs do Brasil Edições Musicais Ltda./Universal Publishing Mgb

O Rio de Janeiro parecia uma sauna na manhã de 28 de outubro de 1977. Às dez e pouco, Júlio Barroso tocou a campainha do escritório de Nelson Motta. A secretária o recebeu na porta.

— Nelson chega daqui a pouco. Você pode esperar aqui — disse, apontando para um sofá confortável. — Quer alguma coisa para beber?

— Ah, quero. Puro, por favor.

Júlio precisava de café. Tinha passado a noite numa festa e dormido só duas horas antes de chegar à reunião. Mesmo assim, estava animado para encontrar Nelson. Eles tinham se encontrado numas festas pela cidade, e Júlio só conversara com ele bêbado. Não sabia se Nelson se lembraria dele, ou de que tinha lhe dado um exemplar de *Música do Planeta Terra*, a revista sobre música, poesia e arte que vinha editando.

"Merda, que edição eu dei pro Nelson?", pensou. "Preciso lembrar dessas coisas."

A secretária voltou com o café. Ao se inclinar para servir a xícara, Júlio deu uma olhada no decote dela. "Onde o Nelson acha essas beldades serenas? Aquele puto!" Júlio sorriu e agradeceu. Então olhou em volta, tossiu e puxou conversa.

— Você mora por aqui? — perguntou.

Aqui era Ipanema, a área chique da cidade do Rio de Janeiro, bairro de classe média alta. Os pais de Júlio tinham se mudado para lá uns anos antes, quando a empresa do pai começara a ter sucesso. Tinham comprado uma casa enorme perto do escritório de Nelson, e Júlio estava pensando em dar um pulo até lá depois para pedir um dinheiro emprestado. Ou, se a reunião corresse bem, ele pediria o dinheiro a Nelson.

— Não, eu não tenho dinheiro para morar aqui — respondeu a garota.

— O Nelson paga mal assim? — perguntou Júlio, brincando.

Ela sorriu e respondeu mais à vontade:

— Paga!

Júlio riu e continuou:

— Onde você mora, então?

Antes que ela respondesse, fez mais uma pergunta:
— E como você se chama?
Por um segundo ela se perguntou se devia entrar no flerte. Tentava se manter profissional no trabalho. Além disso, ele não era lá muito bonito. Alto, óculos grandes e já um pouco calvo. Parecia meio bobo.
— Luiza. Luiza Maria. E eu moro no Humaitá.
— Luiza Maria. Lindo nome.
Quando Júlio estava prestes a fazer mais uma pergunta, a porta se abriu. Um homem baixinho entrou na sala: Nelson Motta.
— Júlio! Que bom te ver, amigo. Entre!

Nenhum dos dois era tímido. E conversaram como se fossem velhos amigos que não se viam há anos. Nelson falou dos programas de TV que produzia. Júlio falou da revista que publicava. Nelson falou de Cartola. Júlio falou de Sinhô. Nelson falou de Coltrane. Júlio falou de Bob Marley.
— Você sabia que fiz um artigo enorme sobre o Bob Marley na segunda edição de *Música do Planeta Terra*? — perguntou Júlio.
— Sério? Não sabia! — respondeu Nelson.
Júlio foi um dos primeiros no Brasil a escrever sobre reggae, antes que qualquer um ouvisse falar do gênero. Mas ele também escrevia sobre arte, poesia e artistas como Luiz Melodia e Waly Salomão. O ponto forte da revista eram as conexões feitas por Júlio: arte com música, jazz com rock, nacional com internacional, arte e alta cultura com o samba de rua. O ponto fraco era que ninguém a lia, além de levar uma eternidade para que cada edição fosse produzida.

Nelson sorriu e pigarreou, indicando o final do papo furado.

— Júlio, sabe a coluna que escrevo pro *Globo*?

— Sei, claro. Sempre leio.

Júlio lia mesmo as colunas de Nelson. Eram sempre bem escritas e certeiras.

— É que eu ando cada vez mais ocupado produzindo música, com o *Dancin' Days* e tudo o mais que eu faço... então não tenho mais tanto tempo pra escrever a coluna. Estou procurando alguém pra me substituir. Não sempre, mas uma vez por mês, por aí.

Antes que Nelson fizesse a pergunta, Júlio já estava animado, concordando com a cabeça. Escrever para o Nelson? Claro! O trabalho o traria para esse mundo, o mundo da música e do entretenimento, de músicos, cantores, bandas, poetas, atores e atrizes! A ambição de Júlio era trabalhar nesse universo. Além disso, seria uma plataforma para escrever, a maior plataforma possível. Claro que não seria sob o próprio nome, mas isso não importa.

Nelson sorriu e acendeu um baseado, o primeiro do dia. Deu um trago e passou para Júlio, que também deu um tapa. Soltando a fumaça, Júlio respondeu, entusiasmado:

— Eu adoraria. Quando começo?

Eles conversaram mais um pouco sobre o conteúdo das colunas. Júlio estaria livre para escrever sobre o que quisesse? Mais ou menos. No entanto, Nelson sempre verificaria os textos. Ele poderia escrever sobre arte? Claro.

— Seria ótimo se você escrevesse sobre arte — enfatizou Nelson.

Júlio já estava pensando que a primeira coluna devia ser sobre Picasso ou Seraut. Ou, quem sabe, Oiticica? Isso, Oiticica. Não, espera, melhor... que tal Jean Cocteau?

— Você gosta do Cocteau, Nelson?

— Eu amo Cocteau — respondeu Nelson dando um trago profundo, segurando a respiração e deixando o baseado fazer efeito, antes de soprar a fumaça de volta no ar limpo e voltar a falar.

— Mas talvez a gente devesse se concentrar na cultura brasileira primeiro. Ando querendo escrever sobre a Pagu. Talvez você possa começar por isso, que tal?

"Brilhante. O Nelson é ótimo. Pagu, a militante comunista, a primeira mulher brasileira a ser presa por motivos políticos." Claro que ele escreveria sobre Pagu. "É essencial escrever sobre Pagu, especialmente agora, em 1977." Ele poderia escrever uma coluna sobre Pagu e Luz del Fuego, a bailarina e stripper feminista brasileira que dançava com cobras vivas. "Talvez Pagu e Del Fuego fossem amigas? Quero dizer, viviam na mesma época. Certamente se conheciam. Talvez fossem amantes? É, vamos dizer que são amantes!"

Nelson já via a mente de Júlio viajando.

— Não escreva nada doido demais, tá, Júlio? É pro jornal *O Globo*, você sabe.

Júlio não ouviu o conselho. Já estava pensando em mil coisas diferentes para escrever.

Eles conversaram por mais um tempo, até Nelson ser chamado para outra reunião. Sorriram e se abraçaram na despedida. Nos anos seguintes, os dois se tornariam grandes amigos, e responsáveis por imprimir uma direção completamente nova na cultura jovem e na música brasileira. Não podiam imaginar o que viria pela frente ao dividirem um baseado naquela manhã quente de outubro em Ipanema.

Júlio saiu do escritório e esperou o elevador. Só então se lembrou de que tinha esquecido de perguntar duas coisas a

Nelson. Assim, voltou ao escritório sem perguntar à secretária se podia entrar. A reunião seguinte de Nelson já havia começado e uns homens engravatados cercavam a mesa. Eles olharam para Júlio com surpresa quando ele murmurou para Nelson ao entrar:

— Ah, desculpa, Nelson. Esqueci de te pedir uma coisa. Você me empresta cem?

Nelson pareceu perplexo, mas pegou a carteira.

— Outra coisa: me passa o número da sua secretária?

Lá fora, ele decidiu *não* visitar os pais, apenas pegar o primeiro ônibus que passasse. Sabia que visitar os pais destruiria o clima bom da reunião. A mãe reclamaria que Júlio não tomava conta direito do filho pequeno.

— Você tem visto o Rafael? O menino não parece saudável! Que história é essa de só comer cenoura e couve-flor o dia todo? Ele precisa de carne!

O filho de Júlio não se chamava Rafael, como sua mãe o chamava. O nome era Ra. Não em homenagem ao pintor renascentista italiano, mas ao deus Sol do Egito antigo. Além disso, a decisão de criá-lo com uma dieta macrobiótica, sem carne nem açúcar, era convicta. Júlio não queria falar sobre nada disso naquele dia. Também tinha certeza de que o pai reclamaria por ele ter perdido mais um prazo de entrega da revista.

— Meu amigo na Abril ligou de novo! Quando vão chegar os artigos?

O pai parecia se preocupar principalmente em não passar vergonha na frente dos amigos ricos paulistanos. Claro que Júlio ficava feliz que o pai tivesse usado seus contatos para convencer o presidente da Abril a publicar e distribuir *Música do Planeta Terra*. E também ficava feliz que o pai pagasse por tudo. Mas o pai não entendia que a escrita e criação da revista tivessem seu próprio ritmo. Tá, Júlio perdia alguns prazos, mas isso só significava que a qualidade dos textos melhorava. Além disso, a revista era realmente especial! Que outra revista publicava sobre a poesia de e.e. cummings, a arte de Yoko Ono e os *riffs* de guitarra de Jimi Hendrix? Nenhuma! Que outra revista tinha uma coluna assinada pelo Caetano Veloso? Nenhuma! Que outra revista homenageava heróis brasileiros como Augusto dos Anjos, Dorival Caymmi e Zé Keti? Nenhuma, de jeito nenhum!

Um ônibus parou no ponto e Júlio subiu. Ele andou até o fundo e se sentou ao lado da janela. Devia encontrar Antônio Carlos Miguel, seu amigo e coeditor de *Música do Planeta Terra*, mas decidiu ficar no ônibus até o ponto final, onde quer que fosse.

Júlio se lembrou da viagem de 16 horas de ônibus que fizera uns anos antes até Luziânia, em Goiás. Tinha acabado de se tornar macrobiótico e de conhecer Naiade Coelho, a linda filha de um senador do Amazonas. Juntos, eles haviam decidido viajar para uma comuna em Luziânia, um lugar supostamente místico, acreditasse você em deuses indianos ou em OVNIs. Originalmente, Júlio faria a viagem para entrevistar Waly Salomão, que passou um tempo vivendo numa região isolada, perto da cidade. Levou semanas para encontrá-lo, o que finalmente aconteceu ao pegar uma longa trilha em uma área de terreno quase inacessível. Quando Waly o viu caminhando em sua direção, ficou completamente perplexo.

— O que você está fazendo aqui?

— Eu vim te entrevistar — disse Júlio, sorrindo.

No começo, Júlio gostou de morar em Luziânia. Convenceu Naiade a construir a vida ali e se converter ao estilo hippie, mas, depois de várias semanas tentando plantar a própria comida, os dois concluíram que não eram bons hippies. Além disso, Naiade engravidou de Ra, e eles logo se mudaram para a cidade vizinha, Sobradinho, em busca de trabalho. Quando Júlio esbarrou no dono do jornal local, convenceu-o a deixá-lo escrever uma coluna semanal para a publicação.

— Claro — respondeu o sujeito. — E como vai se chamar? "Coluna Musical do Júlio"?

Mas Júlio tinha um nome muito antes da sugestão.

— Não. Quero chamar a coluna de "Música do Planeta Terra".

O motorista do ônibus o acordou no ponto final: "Zona Norte, amigo." Era a área onde ele havia crescido, antes de a família Barroso se mudar para Ipanema. Por lá, ainda o chamavam de Júlio Ampola, apelido que ganhara depois de pular o muro de uma empresa farmacêutica e roubar dezenas de ampolas. Ali, Júlio se sentia em casa, com aquela gostosa mistura de donas de casa de classe média e vendedores ambulantes barulhentos. Na Zona Norte a vida lhe parecia muito mais real que em Ipanema. E era mais fácil conseguir drogas. Além disso, o bairro tinha algo mítico para a música. Era de onde vinham Jorge Ben, Tim Maia, Erasmo Carlos... Os melhores tinham nascido lá! Júlio queria ser como eles. Desde que a mãe o levara à TV Record, certo dia, aspirava a uma carreira musical. Mas Júlio sabia que sua voz era péssima. Não sabia cantar nem tocar instrumentos. Tinha energia demais no corpo para conseguir aprender. Por isso, escolhera a melhor opção disponível: escrever sobre música, em vez de fazê-la.

Enquanto andava pelo bairro, pensou em Sobradinho e nas dificuldades pelas quais passara com a nova família. Criar o pequeno Ra era mais difícil do que imaginara. Júlio e Naiade eram pais completamente inexperientes e precisavam muito de ajuda. Certa noite, Naiade sugeriu que eles se mudassem de volta para o Rio. No dia seguinte, pegaram as 16 horas de ônibus de volta. No Rio, Júlio queria continuar a escrever, mas não sabia onde. Quando contou ao pai sobre sua ambição, recebeu imediatamente a oferta de ajuda. Depois de alguns telefonemas para amigos paulistanos influentes do meio editorial, Júlio tornou-se o orgulhoso dono de uma revista. A coisa funcionava para os dois lados: Júlio tinha um espaço onde escrever e o pai podia se exibir alegremente para o filho com suas importantes conexões, dando telefonemas casuais perto de Júlio, que organizava todas as etapas da revista. Certo dia, o pai falava ao telefone com o diretor da Editora Abril.

— Você já tem um nome pra revista? — perguntou ao filho.

Júlio respondeu com as mesmíssimas palavras que usara com o dono do jornal de Sobradinho:

— *Música do Planeta Terra*.

Inicialmente, Júlio queria escrever a revista completamente sozinho, mas isso se provou impossível. Chamou, então, o amigo Antônio Carlos Miguel para escrever com ele. Se estivessem ocupados ou atrasados demais, pediam ajuda ao irmão de Antônio Carlos, a quem chamavam apenas de Brother, para contribuir com a revista. As reuniões editoriais da *Música do Planeta Terra* consistiam em uma combinação de fumar maconha, beber cerveja, falar de mulher e discutir sobre música. Só quando Júlio estava prestes a se despedir do escritório da *Música do Planeta Terra*, também conhecido como "a sala da casa de Antônio Carlos", é que eles se organizavam vagamente para ver quem escreveria o quê. Era quase um milagre que tivessem produzido seis edições!

Nas reuniões editoriais, Júlio sempre tinha as ideias mais absurdas, sobretudo ao combinar temas, pessoas e tipos de arte completamente diferentes.

— Vamos escrever um artigo sobre aquele saxofonista argentino, o Gato Barbieri, e representá-lo como Che Guevara!

Ou propunha:

— Lolita, Monroe, Bardot.

A intenção era argumentar que loiras falsas eram mais sensuais do que qualquer outra mulher no planeta. Antônio Carlos tinha ideias menos surreais, escrevendo simplesmente ótimos artigos sobre música. Escrevia sobre Rita Lee, Luiz Melodia ou jovens talentos da cena musical do Rio. Escreveu, por exemplo, um artigo sobre o talentoso jovem baterista Gigante Brazil. Em outros artigos, encontravam pontos em comum entre poetas como John Donne e Jorge Salomão, irmão de Waly. Juntos, tiveram a ideia de pedir a Caetano Veloso para escrever uma coluna. Júlio sabia onde ele morava, então simplesmente foi à casa de Caetano e tocou a campainha. Caetano estava em casa, abriu a porta e, gostando da ideia, em um minuto já havia concordado em escrever uma coluna por edição.

No entanto, concluídas seis edições da revista, a energia de escrever e publicar *Música do Planeta Terra* tinha se perdido, e, depois de furar prazo atrás de prazo, o pai de Júlio se recusou a pagar por mais números da revista. Eles fecharam a série não com uma revista, mas com um pôster que dizia "Eu sou soul" sobreposto a imagens de cantores brasileiros negros. Foi assim que acabaram. *Música do Planeta Terra*, descanse em paz.

Júlio começou a trabalhar para Nelson Motta logo depois daquela primeira reunião. Ele se tornou parte de um grupo de jovens assistentes que escreviam, produziam ou dirigiam vários trabalhos com Nelson. Júlio era principalmente escritor, fosse das colunas de Nelson, de roteiros de TV ou de artigos. Nunca lhe faltavam ideias, e a maioria era boa e original. Além disso, trouxe para o escritório uma enorme energia que era quase palpável, podia ser sentida quando Júlio pegava o elevador para subir.

— O vulcão vai entrar em erupção! — gritava Luiza Maria, de brincadeira, quando ele estava chegando.

A maioria das garotas do escritório ficava encantada com Júlio. Ele era carismático, as fazia rir e tinha um charme apaixonante. O sentimento era mútuo. Nas primeiras semanas, Júlio tentou transar com todas elas, especialmente com Luiza Maria. Sem sorte. Só quando uma nova repórter, Scarlet Moon, se juntou à equipe foi que ele se viu mais na cama do que trabalhando no escritório. No começo, inventavam desculpas, "A gente precisa mesmo se concentrar nesse artigo, então é melhor trabalharmos em uma sala isolada", mas depois de certo tempo nem se davam mais ao trabalho, apenas transavam quando queriam. O relacionamento com Naiade estava chegando ao fim, mesmo que eles se vissem algumas vezes por semana para que Júlio pudesse estar com Ra. Em pouco tempo, a vida que levara por um breve período em Sobradinho, a vida hippie macrobiótica de casado, parecia um passado distante. No momento em que cortou os cabelos compridos, Júlio sentiu que estava fazendo mais do que entrando na moda. Ele se sentia aliviado ao cortar todo um passado recente, pronto para o futuro.

Enquanto trabalhavam em uma reportagem para um dos programas de TV de Nelson, Júlio e Scarlet Moon conheceram um sujeito chamado Alfredo, da República Dominicana. Alfredo disse estar no Rio para estudar, mas sua prioridade parecia ser se divertir. Ele e Júlio se deram bem de imediato, tornando-se amigos de festas, bebidas e drogas. Tinham o mesmo amor pela música e pelas mulheres. Estava tudo certo. Muito melhor que em Sobradinho. Júlio nem ligou quando Scarlet Moon se apaixonou pelo cantor Lulu Santos e terminou seu romance. O mundo estava a seus pés. Ele podia fazer o que quisesse, o que tivesse vontade.

O telefone tocou no escritório de Nelson. Luiza Maria atendeu e gritou para Júlio que era para ele.

— E aí, Júlio, amigo!

Reconheceu de cara a voz de Alfredo, com seu portunhol.

— Estou pensando em voltar pra Santo Domingo por um tempo. Quer vir junto?

Júlio não hesitou:

— Claro! Vamos!

Típico do Júlio. Sempre a fim de uma aventura, de algo novo. Quando a maioria das pessoas diria "sim", mas acabaria "não" realizando, Júlio ia em frente. Alguns dias depois do telefonema de Alfredo, ele saiu do avião e pisou no Caribe. Olhou ao redor, respirou fundo o ar fresco da ilha e pegou um táxi até a casa do amigo dominicano. Tudo no caminho parecia provincial, pequeno, bonitinho e relaxado, exceto pelo casarão da família de Alfredo. A mansão era o oposto da sua casa em Luziânia. Luxo excessivo, quartos demais para contar e uma quantidade interminável de empregadas. Quando entrou no casarão, imaginou seus pais ali com ele. Eles teriam adorado tudo aquilo. Ficariam vaidosos do filho. Alfredo o cumprimentou com um abraço carinhoso e disse que já tinha arranjado várias festas para os dois.

— Acabei de saber que Bernardo Bertolucci está na ilha fazendo seu novo filme, *La Luna*. Eles andam curtindo à beça, e estamos mais que convidados!

Júlio mal tinha chegado e já estava adorando. Nos dias que se seguiram, eles beberam em bares, se divertiram com a equipe de filmagem e viajaram pela ilha. Transavam casualmente com algumas mulheres, às vezes com dominicanas, às vezes com as da equipe do filme. Estas os convidaram para a festa de encerramento das filmagens e pediram a Júlio que cuidasse da música. Ele não tinha experiência como DJ, mas levara um punhado de discos. "Não pode ser tão difícil, né?" E botou para tocar os vinis que tinha levado. "Babá Alapalá", com Zezé Motta, "Portela na avenida", com Clara Nunes, e "Alfomega", de Caetano. E foi acompanhado por um membro da equipe de Bertolucci que também tinha levado seus discos, mas completamente diferentes: "It's Different for Girls", de Joe Jackson, "So Lonely", do Police, e "Psycho Killer", dos Talking Heads.

Os convidados da festa amaram a mistura exótica dos dois tipos de música. Dançavam, balançavam, se tocavam, sentiam, pulavam, suavam, corriam e flertavam. Naquela noite, a lua dominicana parecia banhar em calor os dançarinos na pista de dança. Ninguém parava. Júlio amava a seleção do seu parceiro musical.

— O que é isso? — perguntava para o cara depois de cada disco.

No final da festa, precisava desesperadamente saber:

— Onde você conseguiu essa música?

— Na Big Apple, cara! — respondeu o homem. — É onde tudo acontece. É aonde você precisa ir.

Foi então que Júlio entendeu. Claro! Era para onde ele precisava ir. Precisava ir para Nova York.

Júlio ficou ainda algumas semanas em Santo Domingo, saindo com Alfredo, mas por fim se cansou e comprou uma passagem para Nova York. Alfredo o levou ao aeroporto e se despediu com um abraço. Ao chegar, Júlio ficou sabendo que o avião estava com um atraso de três horas. Saiu então do

aeroporto para ver se Alfredo ainda estava lá, mas o amigo já
tinha ido embora. Então, ele se sentou, pegou seu exemplar de
Me segura qu'eu vou dar um troço, de Waly Salomão, e releu
algumas de suas passagens preferidas. Sentia-se um pouco
triste e nostálgico. Pela primeira vez na ilha, pensou no Brasil
e decidiu escrever para o amigo da *Música do Planeta Terra*,
Antônio Carlos Miguel.

> Antônio!
> Daqui a uns minutos vou voar para Nova York. Ainda não cheguei,
> mas já estou apaixonado pela cidade. Por que não me encontra
> lá? Podemos produzir um monte de coisas novas. Vamos montar
> um loft para fazer silk-screen, fotomontagens, pôsteres, cartões,
> capas de livros e de discos! Ou talvez alguma coisa de cinema?
> Qualquer coisa! Vem!
> Abraços
> Júlio

Depois desse cartão-postal, escreveu um para o filho, Ra.

> Querido Ra.
> Como foi? Por que foi?
> Você não saberá.
> Só eu sei. Um dia
> será sua vez de saber.
> O futuro que eu fiz
> é você. Só eu sei.
> Perdoe quando errei
> sem querer errar. Meu
> filho, a vida é isso aí.
> O pai que há em mim

pensa agora sábado uma noite no Caribe. Pensa
em você. Sábado uma noite vazia. Mas pensar
em você é tão bom. Meu futuro eu não sei.

Mas sei que
cresça e saberá.
E vai me ensinar.
E vou fazer
uma canção.
E a gente vai cantar e
cortar o pão vai ser
legal!

Júlio

Lambeu os selos, colou nos cartões e os depositou na caixa de correio. Pegou o voo da American Airlines e quatro horas depois pisou em Nova York.

3. Perdidos na selva
(Júlio Barroso)

Perdidos na selva, mas que tremenda aventura
Você até jura, nunca senti tamanha emoção
Meu uniforme brim cáqui, não resistiu ao ataque
Das suas unhas vermelhas, meu bem, você
Rasgou meu coração
OOOOH!
Eu e minha gata
Rolando na relva
Rolava de tudo
Covil de piratas pirados
Perdidos na selva

Orangotangos de tanga no tango
Tigres em pele botando a mesa
Papagaios, Bem-Te-Vis e Araras
Revoando flores, folhas e varas
Oh! Que calor tropical
Mas que folhagem maneira
É sururu, carnaval
Deu febre na floresta inteira
OOOOH!

Quando o avião deu a pane
Eu já previa tudinho
Me Tarzan you Jane
Incendiando mundos neste matinho
OOOOH!

© Editora Mix Produções

A maioria dos artistas brasileiros que fugiu da ditadura militar no final da década de 1960 foi para a Europa. Alguns se mudaram para os Estados Unidos. E, desses, só uns poucos acabaram em Nova York. Júlio não era um refugiado político, pelo contrário, mas sabia dos artistas que tinham partido na década anterior e queria conhecê-los. Estava interessado em três em particular. A ideia era conseguir um trabalho de assistente de algum deles, parecido com o que fizera para Nelson. Assim, podia construir uma vida em Nova York com a ajuda dessa rede e ganhar algum dinheiro ao mesmo tempo. Algumas semanas depois, conheceu o primeiro da lista.

— Oi, meu nome é Júlio. Júlio Barroso — ele se apresentou a um brasileiro que acabara de conhecer em uma festa.

— Prazer. Também me chamo Júlio.

Júlio enxergava mal, por isso os óculos grossos, mas tinha certeza de que reconhecia o homem de uma foto.

— Júlio Bressane? O cineasta?

— Isso! — respondeu o homem, surpreso.

O cineasta Júlio Bressane saiu do Brasil no início da década de 1970, indo primeiro para Londres, depois para Nova York. Seu trabalho era espantoso, por vezes engraçado, sempre crítico. Júlio gostava dos filmes de Bressane e queria ter escrito a respeito, mas sua revista tinha desaparecido antes que tivesse a oportunidade de fazê-lo. Foi Bressane quem o apresentou ao segundo artista brasileiro de sua lista, o cineasta Neville d'Almeida. Por intermédio dele, Júlio esperava conhecer o terceiro da lista, o artista Hélio Oiticica. Tinha enorme adoração por Oiticica e escrevera sobre ele nas colunas de Nelson. Oiticica também vivia em Nova York e havia criado com Neville uma série de experimentos artísticos de "quase-cinema" que chamou de *Cosmococa*. Um dos trabalhos usava como tela a capa de um disco de Jimi Hendrix e cocaína como tinta. A primeira pergunta de Júlio a Neville foi sobre Hélio.

— Você sabe onde ele mora? Tenho certeza de que é no East Village! — Sem esperar uma resposta, Júlio continuou: — Talvez a gente pudesse ir encontrar com ele hoje à noite!

Mas Neville precisou decepcionar o entusiasmado Júlio. Hélio Oiticica tivera uns problemas com a imigração americana e decidira voltar ao Rio de Janeiro poucos meses antes da chegada de Júlio a Nova York. O plano de trabalhar com Oiticica fracassara. Bressane e Neville também não tinham trabalho para ele, e Júlio precisou desenvolver outra estratégia.

Júlio poderia simplesmente viver de brisa, como quando estava sob os cuidados da família dominicana de Alfredo. Havia arranjado uns bicos, preparando sanduíches ou trabalhando de garçom, mas era sempre despedido em poucos dias. Quando ficava sem grana, pegava dinheiro emprestado com qualquer um que encontrasse e estivesse disposto a lhe emprestar. Um emprego fixo era muito burguês, de qualquer forma. Dinheiro era irrelevante. Ele morava no Lower East Side, em um apartamento quase impossível de habitar. Os buracos nas paredes eram um enorme desafio, especialmente no inverno gelado,

mas o aluguel era barato e ele gostava do clima dos porto-
-riquenhos do bairro, fosse em procissões exuberantes durante os feriados católicos, festas de salsa na rua ou exercícios a céu aberto na frente de casa. Júlio tentava nunca pagar por comida, bebida ou drogas, sempre pedindo favores. Se precisasse ligar para o Brasil, por exemplo, para falar com a irmã, Denise, visitava algum amigo, batia um papo e pedia para dar um rápido telefonema. As ligações para Denise por vezes levavam horas — ela adorava falar com o irmão —, e logo os amigos de Júlio se deram conta da tática e passaram a esconder o telefone logo que ele chegava.

Ainda assim, Júlio levava uma vida incrível em Nova York. Toda noite havia uma nova festa. E as festas em Nova York eram incomparáveis com as da República Dominicana ou com as do Brasil. As festas nova-iorquinas eram uma forma de arte. Nunca havia apenas uma banda ou um DJ. Era uma combinação de teatro, cabaré, exposição de arte e música.

Em um dia comum, Júlio começava a noite no Squat Theatre, na rua 23 Oeste, um espaço de teatro experimental em uma antiga loja cuja vitrine funcionava como palco. As apresentações costumavam se estender até a rua, onde atores se misturavam aos pedestres, o que Júlio amava. No Squat, ele viu uma versão de *As três irmãs*, de Tchékhov, na qual três homens vestidos inteiramente de branco interpretavam as protagonistas. Um sujeito lia as falas que os atores repetiam, como um eco, sem expressão alguma. Nesse momento, Júlio decidiu mudar seu guarda-roupa e passou a vestir apenas branco. Ele também viu músicos experimentais fascinantes, como Sun Ra, The Lounge Lizards (cujo guitarrista, Arto Lindsay, americano que cresceu no Brasil, havia ficado amigo de Júlio) e James Chance and The Contortions, que cumprimentava o público de um jeito singular:

"E agora uma música para quem vive no passado, ou seja, 99% de vocês, bando de idiotas."

As apresentações no Squat eram mais sobre a energia do que a qualidade, especialmente com barulhentas bombas de testosterona como James Chance, mas a Júlio pareciam inovadoras e revigorantes. Era algo de que Júlio queria fazer parte. Algo que queria para sua própria vida.

Em 25 de janeiro de 1980, uma noite de inverno especialmente fria, Júlio entrou no Squat para ver o show de Luther Thomas & Dizzazz, uma banda de disco-funk de Cleveland sobre a qual ouvira bons comentários. Dessa vez, Júlio chegou cedo, e acabou assistindo à banda de abertura, Kid Creole and The Coconuts. O show virou seu mundo do avesso, e mudou de vez sua ideia sobre o que entendia por música.

Naquela noite, o pequeno palco do Squat Theatre estava completamente lotado, com uma enorme variedade de músicos e instrumentos. A banda era comandada pelo que parecia um garoto porto-riquenho da idade de Júlio. Ele era incrivelmente elegante, vestido em um terno branco perfeito, assim como os três atores da peça que Júlio vira dias antes! O garoto dançava com os trejeitos mais absurdos, movendo-se no palco em um estilo reminiscente dos filmes dos anos 1930 e 1940. Três sexy backing vocals, vestidas com sainhas e biquínis de estampa de tigre, o acompanhavam. Não pareciam ter muita qualidade vocal, mas isso não tinha a menor importância nesse coquetel dinâmico de disco e funk misturado com calipso caribenho e suingue americano. Na verdade, toda a banda multicultural se juntava à cantoria, em uma imensa variedade de expressões incomum. O grupo não se preocupava em tocar as notas perfeitas ou provocar reflexões intelectuais. A preocupação de Kid Creole and The Coconuts era com a energia, com a celebração da vida, com o estar junto e deixar as regras de lado. Com sexo, liberdade e beleza. E Júlio estava fascinado.

Normalmente, o Squat Theatre seria só a primeira parada da noite, com muitas por vir, mas não dessa vez. Kid Creole tinha mostrado a Júlio um novo tipo de performance. Qualquer outra parada certamente estragaria aquela sensação maravilhosa. Saindo do Squat Theatre, ele voltou andando para casa, na rua 1 com a Avenida A. No caminho, começou uma conversa à toa com uns jovens porto-riquenhos, contando sobre o que tinha visto.

— Esse tal de Kid Creole é ótimo! E porto-riquenho, que nem vocês!

Os jovens deram de ombros. Fazia frio e eles não ligavam para aquele brasileiro doido que acabara de passar por uma experiência transformadora: "Esse cara deve estar maluco ou chapado. Ou os dois." Júlio riu e continuou. Ele estava mesmo chapado. Mas, dessa vez, não eram as drogas, apenas a música.

Algumas semanas depois, Kid Creole and The Coconuts se apresentaram no Mudd Club, uma casa noturna na área de Tribeca, na rua White, nº 77. Em comparação com o Squat Theatre, o Mudd era mais arte do que teatro. Era um lugar para ouvir John Lurie, Nico ou Glenn Branca. Um lugar para anti-heróis, marginais e artistas alternativos que disparavam contra as convenções. Júlio estava lá, claro, na primeira fileira. Dessa vez, a banda era a atração principal da noite e pareceu ainda mais enérgica do que na noite no Squat Theatre, deixando a plateia tonta com suas rápidas e explosivas batidas disco. Júlio dançou, suou, revirou os olhos, pulou, cantou, gritou e berrou. Estava feliz e cheio de energia. Pronto para conquistar o mundo. Dançou com todo mundo ao seu redor, e começou a bater papo com uma garota engraçada com quem alternava entre o bar e a pista. Eles beberam shots de

Jack Daniel's puro e depois do show continuaram dançando ao som de Arthur Russell e Tito Puente. Depois, mais Jack Daniel's e dança. A noite parecia não acabar nunca. No começo da manhã, a boate fechou e Júlio e a garota acabaram expulsos. Foram para a casa dela, continuaram a beber Jack Daniel's e transaram, eufóricos. Noites nova-iorquinas. Que tremenda aventura.

Júlio continuou a mandar notícias entusiasmadas para o Brasil, contando todas as suas impressões. Também seguiu convidando todo amigo ou qualquer conhecido para ir visitá-lo, e levar dinheiro e drogas. "A gente pode mesmo levar drogas no avião?", perguntou sua irmã, Denise, em uma carta, quando se preparava para viajar a Nova York. "Pode, é só esconder direitinho, ninguém confere", respondeu Júlio. Assim, Denise e o namorado, Okky, chegaram a Nova York com cocaína de alta qualidade no inverno gelado de 1980. Júlio estava muito feliz de vê-los, animado para mostrar a cena musical da cidade. Ele adorava a irmã e considerava Okky um bom amigo. Seu apartamento estava frio demais para se dormir, e ladrões haviam roubado seus poucos pertences de valor. Reservou, então, um quarto no Hotel Earle, um lugar histórico, já que Bob Dylan vivera ali por um tempo, o que Júlio sabia que seria apreciado por Okky.

Júlio foi buscá-los no aeroporto, brigou com o motorista de táxi e ajudou a levar as malas para o quarto. Ali, ele se jogou na cama e cheirou a primeira carreira de pó brasileiro. Combinou a cocaína com vários shots de Jack Daniel's e começou um monólogo entusiasmado sobre sua nova banda preferida.

— Cara! Okky! Preciso te levar pra ver essa banda! É boa demais! A música vai daqui pra lá, de baixo pra cima, de trás pra frente, e aí entra na gente. Entra na gente! Vai fundo na gente. É um suingue sensacional. E as vocalistas, que gatas!

— Como se chama? — perguntou Okky, tranquilo.

— Kid Creole and The Coconuts! — respondeu Júlio.

— Que nome! — disse Okky, rindo. — The Coconuts? As cocos? Sério?

— É, sério! Tipo Chacrinha e as Chacretes! Amo esses nomes. Adoraria um nome desses pra minha banda. Júlio Barroso e suas Gatas-Bravas... sei lá.

— Você vai montar uma banda? — perguntou Okky.

Denise saiu do banho, com o cabelo ainda molhado. Ela o secava com uma toalha e repetiu a pergunta do namorado.

— O quê? Você vai montar uma banda, Júlio?

— Não seria ótimo? Sei exatamente o que fazer. Vai ser um megassucesso. Tenho certeza.

— Mas você nem sabe tocar nada! — disse Denise, surpresa.

— E daí? Vou contratar músicos!

— E nem sabe cantar! — respondeu ela, rindo.

Júlio podia vê-la pensar: "Ah, irmãozinho. Júlio doido. Sério. Uma banda?"

— Não importa, mana. Você devia ouvir as Coconuts. Elas não sabem cantar nada! E é aí que está o segredo. Todos esses músicos tentando tocar com perfeição. Que coisa absurda. Nada é perfeito, então por que tentar fazer música perfeita? Só importa o aqui e agora! A energia! A festa!

Okky ficou em silêncio, sentado no canto, cheirando mais uma carreira de cocaína. Denise seguia secando o cabelo com a toalha. Não conseguia imaginar o irmão um astro pop, como Caetano e Roberto Carlos. Mas ele já a surpreendera tanto em seus 26 anos de vida que talvez não fosse uma loucura tão grande. Ela também sabia que, se alguém no mundo era capaz de fazer uma coisa dessas, essa pessoa era seu irmão.

— Última coisa, irmãozinho querido. Você sabe que eu te acho lindíssimo — disse, irônica —, mas você não é exatamente o Fábio Jr., né? Vocalistas de banda precisam ser superatraentes.

Júlio abriu um sorriso enorme.

— Aaaaaah, minha irmãzinha não acha seu irmão mais velho gaaaaaato? — Júlio fez um bico mandando beijinhos. Adorava implicar com a irmã.

— Você acha que o Fábio Jr. é mais bonito do que eu? — continuou. — Sério? Jura? Eu podia ser modelo, tá? Podia tranquilamente desfilar nas passarelas de Paris!

Júlio se levantou da cama e se aproximou dela, imitando uma modelo desfilando.

— Para, vai! — respondeu ela, brincando.

— Aaaaaaah, dá um beijinho aqui no seu irmão. Vaaaaaai, vai, vai! Beija o seu Fábio Jr.!

Ela o empurrou sem jeito, mas acabou se deixando abraçar depois de um pouco mais de implicância. Júlio beijou a testa da irmã e ela apoiou a cabeça no peito dele. Era raro os irmãos terem juntos um momento sereno, e ela o aproveitou. Olhou para Okky, que estava totalmente distraído no canto, estava viajando, num outro mundo. Júlio e Denise seguiam rindo, observando o horizonte nova-iorquino abraçados.

Denise e Okky ficaram três semanas em Nova York, e sua estada estreitou toda uma onda de amigos e conhecidos brasileiros visitando a cidade. Júlio os levou feliz da vida em seu roteiro tradicional de casas noturnas: Squat Theatre, Mudd Club e uma nova adição à lista, o Ritz, um antigo salão de dança latina com elementos *art déco* transformado em discoteca. Ficava na rua 11 e, como o Mudd Club, tinha música ao vivo combinada com arte e teatro. Era a primeira casa noturna com uma tela gigante de vídeo, que mal sobreviveu a uma apresentação dos Plasmatics, que tentaram deliberadamente estourar o equipamento de som e esmagar televisores a marretadas durante o show. A banda chegou a entrar com um carro palco adentro, que foi explodido ao vivo, enquanto Júlio comemorava freneticamente.

Júlio se tornou frequentador assíduo do Ritz e conseguiu ver uma imensa variedade de shows. Assistiu a uma apresentação do Kraftwerk, que achou meio sem graça, mas também de bandas post-punk britânicas como XTC e Gang of Four, que tocavam uma mistura simples de punk, funk e dub, combinação que Júlio achava especialmente interessante. Era o tipo de música que ele queria fazer. Ainda assim, sua banda preferida continuava a ser Kid Creole and The Coconuts, que também tocava no Ritz.

A banda subiu no palco em uma noite tranquila de primavera com a plateia mais que feliz pelo fim do inverno pesado. Kid entrou no clima e colocou um gás a mais no show. O palco do Ritz estava decorado com coqueiros falsos, redes e até areia. Kid vestia um uniforme de safári africano bege bem cortado, que contrastava com as Coconuts no estilo caribenho, vestindo biquínis e ostentado esmalte vermelho nas unhas. Todos os outros membros da banda vestiam uniformes jeans cáqui para completar o tom safári do show. Para completar, imagens de orangotangos, tigres e papagaios eram exibidas no telão, a fim de intensificar o clima de selva. A banda começou o exuberante show com Kid Creole fingindo ser um piloto de avião que caíra na selva. Ele então se transformou rapidamente em uma versão nova-iorquina do Tarzan, procurando e encontrando sua Jane, interpretada pela Coconut Adriana Kaegi, namorada de Kid na vida real. A cena acontecia ao som do hit "Going Places", o que imediatamente fez a plateia balançar. E seguiram suas ceninhas animadas, tocando os melhores novos hits, como "Stool Pigeon" e "Don't Take Away My Coconuts". Que show!

Naquela noite, Júlio estava acompanhado do antigo chefe, Nelson Motta. Eles tinham seguido em contato ao longo dos anos, e naquele início de primavera Júlio recebera um telefonema de Nelson falando sobre uma visita a Nova York. Assim como a chegada de Denise e Okky, a notícia deixara Júlio empolgado, e ele guiou Nelson pela cidade como se fosse um nova-iorquino nato. Estava ainda mais feliz porque Kid Creole and The Coconuts tocariam em maio no Ritz, justamente durante a visita de Nelson. Perfeito! Júlio já tinha descrito vividamente para o amigo os shows e a música da banda. Da descrição das roupas aos detalhes musicais. Não conseguia parar de falar deles, gerando uma ansiedade que os fez chegar ao Ritz uma hora antes do show. Quando entraram, Nelson se impressionou com o cenário.

— Uau! Esses telões. A decoração. As garotaaaaas...

— Não é perfeito, Nelsinho? A gente devia fazer uma coisa assim no Rio, cara!

Júlio podia ver que o Ritz havia feito sucesso com o amigo. Nelson já tinha visto uma boa quantidade de casas noturnas extravagantes na vida, e não se impressionava com facilidade. Júlio sabia que o amigo podia fazer as coisas acontecerem. Tinha os contatos e os meios para começar uma versão brasileira do Ritz, e podia facilmente ajudar Júlio a começar sua banda.

— Você está certo, a gente devia fazer uma coisa assim — respondeu Nelson. — Mas talvez não no Rio.

As luzes se apagaram e as primeiras notas de "Going Places" explodiram pela danceteria. Kid e sua Coconut começaram a cena de Tarzan e Jane enquanto o alto Júlio Barroso ajudava o baixo Nelson Motta a atravessar a multidão para chegar à frente do palco. Eles queriam ver cada detalhe do show, e Júlio precisava conter o impulso de pular no palco e se juntar à selva musical. Queria ser como Kid. Queria que todas as Coconuts fossem suas Janes. Não aguentava ficar parado, suando em cada música, mas ao mesmo tempo mastigando todas as ideias e impressões que vinha saboreando havia algum tempo. No meio do show, Nelson gritou para ele:

— Que farra! Que banda! Que selva!

O rosto de Júlio estava coberto de suor quando ele se aproximou de Nelson, gritando de volta:

— Meu amigo, a gente tá vendo o futuro. É uma nova era, é um carnaval, é tudo!

Nelson só escutou metade do que o amigo gritava. Júlio se aproximou ainda mais de Nelsinho quando Kid começou os primeiros acordes de "There but for the Grace of God Go I", uma porrada disco louca inteiramente cantada pelas Coconuts.

— Quero uma banda dessas, Nelsinho. Tenho certeza. Sei que vai ser um sucesso — gritou Júlio. — Quer me ajudar?

— Quero, claro — respondeu Nelson. — Uma banda é ótimo. Mas quero mais que uma banda. Quero uma danceteria como esta!

Júlio não escutou.

— O quê?

Nelson gritou em seu ouvido:

— QUERO UMA BOATE QUE NEM O RITZ. UMA VERSÃO BRASILEIRA DO RITZ. QUERO ESSA BANDA TOCANDO LÁ! — apontou para o Kid Creole no palco.

— ISSO! VAMOS NESSA! — gritou Júlio de volta.

Eles continuaram dançando, e quando a batida começou a desaparecer lentamente, Nelson repetiu com mais calma o que estava gritando na pista.

— É sério, Júlio. Quero um lugar que nem o Ritz no Brasil. Mas não no Rio — acrescentou. — Tem que ser em São Paulo — explicou, parando para respirar. — Outra coisa, Júlio. Quero que você cuide da música e das apresentações. Você gostaria de voltar ao Brasil pra isso?

Júlio olhou para Nelson e sorriu. Ele deu um longo e forte abraço no amigo. Alguns meses depois, pegou um avião de volta para o Brasil, para São Paulo, a fim de começar sua carreira musical.

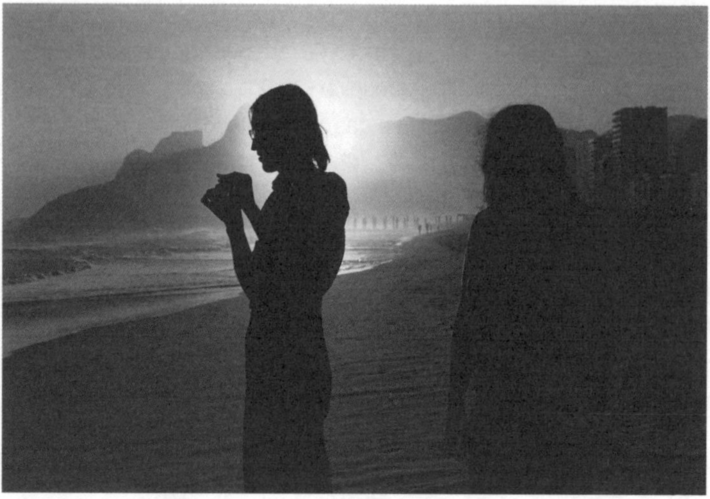

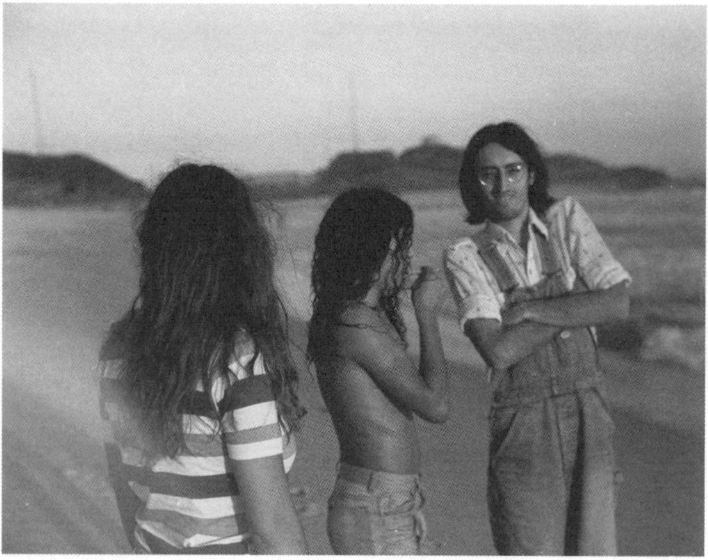

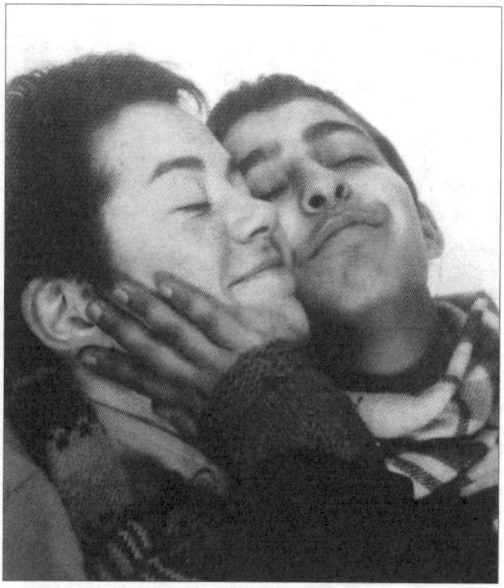

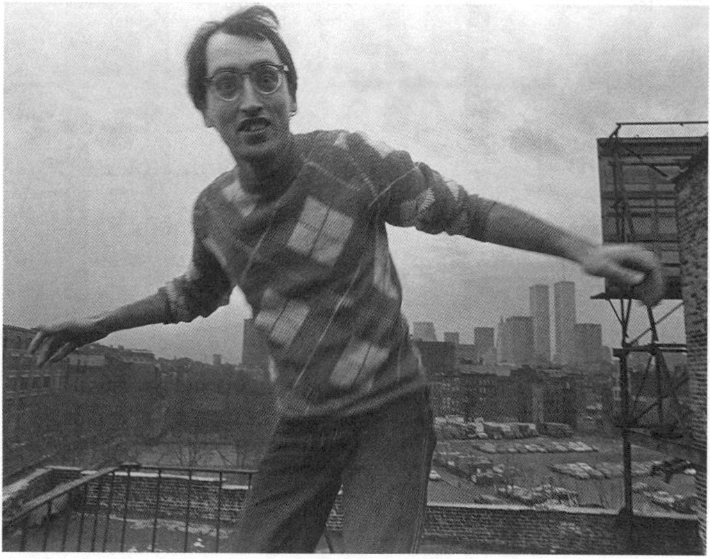

MÚSICA
do planeta terra
é samba e jazz, é rock e maracatu
Festival de Música & Arte

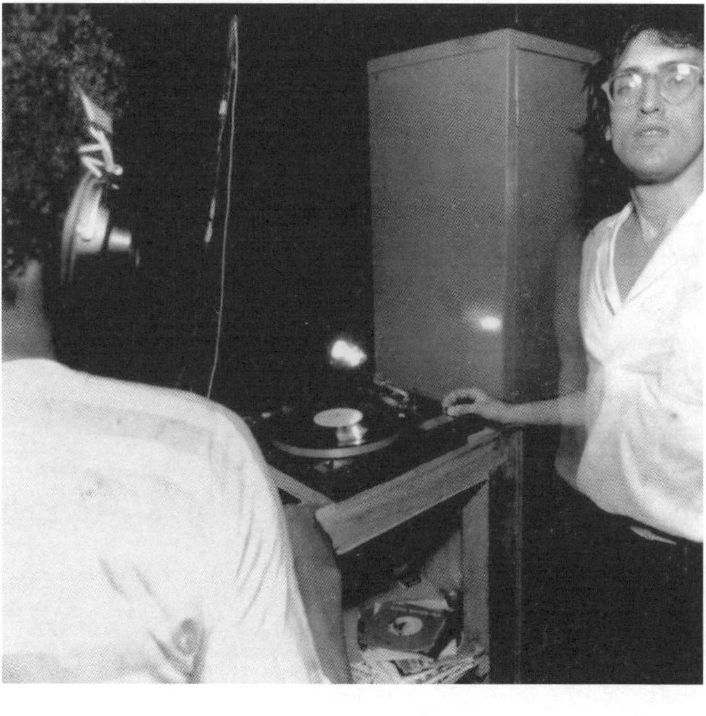

4. Nosso louco amor
(Herman Torres/Júlio Barroso)

Nosso louco amor
Está em seu olhar
Quando o adeus vem nos acompanhar
Sem perdão não há como aprender e errar
Meu amor
Vem me abandonar

Já foi assim, mares do sul
Entre jatos de luz, beleza sem dor
A vida sexual dos selvagens

Agora que passou a dor
Na rua a luz da cidade ilumina
O nosso louco amor
É bom saber, voltou a ser
Na rua uma estrela ilumina
Nosso louco amor

© Luz da Cidade Prod. Art.Fono.Edit.Ltda./Edições Musicais Tapajós Ltda.

Ao voltar de Nova York, Nelson estava determinado a criar uma versão brasileira do Ritz. Ligou para o primo Ricardo Amaral, dono de várias casas noturnas, que respondeu entusiasmado.

— Parece uma boa ideia! E acho que sei onde pode ser.

— Sabe? — perguntou Nelson, surpreso.

— Sei. Ando querendo fazer alguma coisa com a Papagaio. Não tem feito sucesso como antigamente. Por que não nos encontramos em São Paulo semana que vem para dar uma olhada?

Nelson concordou e desligou. A Papagaio era uma discoteca que Ricardo tinha inaugurado no auge da disco music, em meados da década de 1970. A decoração era moderna para a época, com arcos multicoloridos de néon, espelhos nas paredes e bicicletas penduradas no teto. Na inauguração, parecia a discoteca mais moderna do mundo, mas em 1980 se tornara meio ultrapassada e começou a esvaziar.

Uma semana depois do telefonema, Nelson voou para São Paulo. Ele demorou um pouco para chegar, por conta da névoa no aeroporto Santos Dumont, que atrasou a partida para Congonhas. Ao desembarcar, correu para pegar um táxi, mas o engarrafamento da manhã estava pesado e os carros andavam a passos de tartaruga. Finalmente chegou, com 40 minutos de atraso, ao pequeno shopping center da avenida Faria Lima onde tinham combinado de se encontrar. Da janela do táxi, viu que seu primo mais velho já estava à sua espera. Ricardo, com sua bela barba bem aparada, estava na calçada em frente a um prédio em cuja marquise estava escrito CalCenter. Quando Nelson desembarcou do carro, Ricardo se aproximou com um sorriso enorme.

— Nelsinho! Que bom te ver!

Eles se abraçaram e apertaram as mãos. Nelson respirou por um momento e olhou a avenida em volta. Morava no Rio desde os 6 anos, mas nascera em São Paulo. Talvez por isso sempre se sentisse em casa na cidade.

— Nunca entrei na Papagaio de dia — disse para Ricardo, olhando o prédio com certo desconforto.

— Mas você lembra que é no segundo andar, né? — perguntou Ricardo, rindo.

Nelson sorriu de volta:

— Claro.

Eles pegaram a estreita escada rolante até o segundo andar. Um segurança abriu a porta, e o cheiro de cerveja os recebeu. Entraram e começaram a conversar. Os dois concordavam que as pessoas atualmente queriam outra coisa.

— Os dias da disco music acabaram, dá para sentir. Mas não quero que este Papagaio voe pra longe. Acho que devemos mexer, transformar em outra coisa — explicou Ricardo.

— Tem muito potencial — concordou Nelson. — Eu vi o futuro em Nova York. Mesmo, meu caro primo. Nada de disco. Agora é só new wave. É o que as pessoas querem ouvir. Ricardo fez uma breve pausa e em seguida perguntou sério a Nelson:

— Você acha que consegue, Nelsinho? Dá pra transformar este lugar?

Nelson ficou em silêncio por um segundo.

— Consigo, mas só com a ajuda de um cara que vai fazer a maior diferença.

Caminharam pelo espaço mais um pouco, trocaram ideias por mais um tempo, apertaram as mãos e se despediram. Logo depois da reunião com Ricardo, Nelson ligou para Júlio em Nova York a fim de contar a novidade.

— Uma danceteria que nem o Ritz, mas em São Paulo. Que tal? Podemos começar a arrumar o lugar agora mesmo. Ricardo quer inaugurar no começo de dezembro.

Júlio estava animadíssimo com a notícia, mas, ao desligar, percebeu que isso significaria abandonar Nova York muito em breve. Ele nunca planejava a vida. Ia aonde queria ir, e agora lhe parecia cedo demais. Ainda não estava pronto para abandonar Nova York. Tinha se apaixonado por essa cidade doida, um amor louco, e precisava de mais tempo para deixar a vida nova-iorquina para trás. Ele pegou o telefone, discou o número de Nelson e disse que queria ficar mais uns meses na Big Apple.

— Tem certeza? — perguntou Nelson. — Quer dizer, você não precisaria mais fazer esses bicos. Não precisaria pedir dinheiro pra ninguém. E seria DJ da sua própria danceteria!

— Verdade. Mas preciso de mais um tempo. Posso coordenar a criação artística da casa daqui. A gente se fala por telefone uma vez por semana para ir se atualizando e eu pego um voo para São Paulo a tempo da inauguração — sugeriu Júlio.

Nelson se surpreendeu com a firmeza. Não parecia ter alternativa.

— Ok. Mas a gente vai abrir a danceteria no começo de dezembro. E você vai ser o DJ na primeira noite! — concluiu Nelson assertivo.

Nelson estava se arriscando ao deixar Júlio responsável pela música. Por mais que conhecesse *muito* de música, Júlio não tinha experiência alguma como DJ. Como precaução, convidou o DJ Dom Pepe como reserva. Dom Pepe era o lendário DJ da discoteca carioca de Nelson, a Dancin' Days. Um garoto autodidata de um bairro pobre do Rio que tocava os discos tão perfeitamente que sempre criava um groove contínuo. Júlio tinha uma enorme admiração por ele e o considerava melhor que os DJs nova-iorquinos que conhecia, mas, para criar mesmo um tipo novo de casa noturna com essa música new wave, Nelson precisava das ideias frescas de Júlio.

Nos últimos meses em Nova York, Júlio foi a todos os shows que pôde, explorou todas as lojas de discos, encontrou algumas garotas e caprichou no trio drogas, bebida e sexo. Nova York ficava cada vez mais fria, enquanto os telefonemas semanais com São Paulo para discutir o progresso da danceteria o esquentavam. Era como se a luz do sol passasse pelo fio do telefone até o outro país. Ele queria ver os amigos, e especialmente o filho e a irmã.

Nelson tinha montado uma equipe dinâmica para trabalhar na criação da casa. Havia acabado de começar a namorar Maria Elisa Pinheiro, uma jovem videoartista que fazia parte do coletivo TV Tudo. Ela tinha abandonado os estudos de sociologia na PUC para produzir vídeos experimentais e projeções para festas.

— É o que chamamos de VJ — disse a Nelson, que ainda não conhecia o termo.

— Parece ótimo — respondeu ele. — Você consegue fazer isso na nossa danceteria também?

— Claro! — respondeu ela, feliz.

Nelson também chamou sua secretária, Luiza Maria, para se juntar à equipe. Ela ficaria responsável pela produção geral dos eventos. O sobrinho de Nelson, Leonardo Netto, seria o coordenador musical. Para as relações públicas, ele contratou Monica Figueiredo, a jovem editora da revista adolescente *Capricho*. O namorado de Monica, Luis Crispino, seria o fotógrafo da casa, e todos os outros, como a irmã de Júlio, Denise, e o namorado, Okky, foram nomeados "consultores especiais".

No final de outubro, a equipe ligou para Júlio a fim de falar sobre o nome do lugar. Todos concordavam que era melhor se afastar de nomes tolos como Papagaio ou Hippopotamus. Mas como se chamaria? Júlio tinha a resposta:

— Tem que se chamar Pauliceia Desvairada.

Era uma referência ao livro de poemas de Mário de Andrade. Ao lançar *Pauliceia desvairada*, em 1922, Mário começara um movimento completamente novo na arte brasileira — o movimento modernista —, e Júlio via a criação da danceteria da mesma forma. O começo de algo novo, algo grande, de enorme impacto. Júlio adorava o clima transcendental e delirante do livro de Mário de Andrade e o lia e relia sem parar. Era aonde queria chegar com a casa noturna. Uma danceteria alucinada. *Pauliceia Desvairada*.

Todos amaram a sugestão de Júlio. E ele também tinha ideias bem específicas sobre como deveria ser a decoração. Andava colecionando tabloides de Nova York e selecionava as manchetes mais inusitadas. Imaginou esses recortes ampliados, cobrindo as paredes da entrada.

— Então... na entrada a gente tem uma parede com as capas de uns tabloides, né? — perguntou Nelson no telefone.

— Isso! — respondeu Júlio. — Achei algumas bem absurdas. Ouve só: "Golfinho desenvolve braços humanos!"

Uma risada do outro lado.

— Ou isso: "Homem dá à luz um garotinho."

Mais risadas.

— Outra: "O macaco mais inteligente do mundo entra pra universidade."

A equipe caía na gargalhada do outro lado do telefone, mas Júlio não escutava, só continuava com as ideias.

— E o corredor tem que ser escuro, com focos de luz nos tabloides. Nada chique ou brilhoso demais, mais pra esquisito e pop art.

— Ok, entendi — respondeu Nelson, rindo. — Que mais?

— Depois do corredor, quero um paredão de telas de tevê do lado da pista. Dá para projetar uns vídeos enquanto eu toco.

Na pista, um desenho enorme do mapa de São Paulo no chão. Quero que as pessoas dancem sobre a cidade. E a cabine do DJ deve flutuar acima de tudo.

— Maravilha. A gente já resolveu o paredão de vídeo. Compramos oito TVs Mitsubishi e juntamos todas lado a lado. Acho as outras ideias muito boas, vamos tentar fazer tudo. Queremos abrir no dia 8 de dezembro. Você consegue chegar a tempo?

— O dia 8 de dezembro é perfeito — respondeu Júlio. — Oito... 12... 1980. Parece mágico.

E desligou o telefone.

Uma semana depois, ligaram de novo, dessa vez para discutir o programa da inauguração. Júlio imediatamente sugeriu à equipe que fizessem cinco aberturas diferentes na mesma noite. A cada hora, uma diferente, de acordo com um tipo de música, estilo e *outfit*.

— Não sei se entendi — disse Luiza Maria.

— Vamos mandar cinco convites — explicou Júlio. — Por exemplo, às 11 convidamos o público a vir estilo swing. Uma hora depois, o estilo seria cyberpunk. Aí, na hora seguinte, o estilo é vagabond. No fim da noite, a gente teria uma galera completamente diferente, mas dançando a mesma música.

— Ah, tá, entendi — respondeu Luiza Maria.

— Então vamos precisar de cinco convites diferentes, né? — perguntou Monica.

— É. Não vai ser incrível? — retorquiu Júlio.

— Não sei, mas vamos tentar e ver no que dá — respondeu ela.

Monica produziu e enviou os cinco convites. Em pouco tempo, se espalhava por São Paulo a história de uma nova danceteria — um lugar genuinamente novo — que abriria em breve. O nome e a reputação de Nelson criariam a maior expectativa, mas a rede de Monica, de jovens de 20 e poucos anos que queriam alguma coisa diferente, também ajudou.

Domingo, 7 de dezembro, foi o último dia de Júlio em Nova York. Ele andou pela cidade, comprou alguns discos e tomou umas doses de Jack Daniel's. Despediu-se de uns poucos amigos, pegou o metrô até a estação final e depois fez o caminho de volta. Foi para casa pegar a mala e rumou para o aeroporto JFK. Tinha apenas uns últimos dólares na carteira para comprar uma garrafa de Jack Daniel's, antes de pegar o voo noturno para o Brasil. Dormiu o voo inteiro e se sentiu renovado ao pousar de manhã cedo em São Paulo. Pegou as malas, entrou num táxi e chegou à casa da irmã uma hora depois. Eram só oito da manhã, mas Denise já estava de pé esperando para recebê-lo com um abraço apertado e um monte de beijos. Ela tinha até feito seu café da manhã preferido.

— Iogurte com vodca! — anunciou, abrindo a porta que dava para a sala.

Eles passaram o dia conversando, rindo e ouvindo música. Animado com a inauguração da Pauliceia, Júlio botava disco atrás de disco na vitrola para dar uma palinha do que tocaria à noite. Às seis da tarde, saiu para encontrar um traficante, que lhe ofereceu LSD além da cocaína que ele tinha ido comprar. Júlio aceitou feliz, pagou com o dinheiro de Denise e voltou para casa. Enquanto isso, em Nova York, um homem chamado Mark David Chapman saiu de casa na direção do Edifício Dakota, carregando uma arma e um livro, e aguardou por algumas horas até que seu alvo, John Lennon, saísse do prédio para um passeio de fim de tarde. Enquanto Chapman esperava, Júlio voltava para a casa da irmã e tomava o LSD com um copo de Jack Daniel's. A onda bateu imediatamente.

— Nossa... forte... — sussurrou para si mesmo.

Ele se deitou — "só uns minutinhos", pensou — e deixou a cabeça viajar solta. Rapidamente entrou em transe profundo. Fragmentos da vida de Nova York surgiam à sua frente. Ruas pelas quais andava, lugares que visitava, gente que conhecia. Uma música surgiu ao longe. Ele ouvia os Beatles cantando "Tomorrow Never Knows". Os vocais filtrados de John Lennon faziam parecer que ele estava deitado ao lado de Júlio, cantando em seu ouvido: "Turn off your mind, relax and float downstream." Júlio viajava e Lennon continuava, reconfortante: "Lay down your thoughts. Surrender to the void. It is shining. You are shining," As palavras acalmaram Júlio e depois o levaram a um estado de sono profundo.

Denise precisou sacudir o irmão para acordá-lo às 22h05.

— Júlio! Tá tudo bem? Tá tarde. A Pauliceia já vai abrir. Temos que ir.

Mais ou menos na mesma hora em que Denise acordava o irmão, Mark David Chapman deixou a esquina onde estava, atravessou a rua, sacou a arma e deu cinco tiros em John Lennon. Quatro deles o atingiram nas costas, perfurando seu pulmão esquerdo. Lennon caiu na calçada e Chapman sentou-se calmamente ao lado do corpo para ler *O apanhador no campo de centeio*, de J.D. Salinger. A polícia chegou minutos depois e o prendeu. Lennon foi carregado em uma ambulância para o hospital. Ainda respirava, mas não conseguia mais sentir dor. Chegou ao Roosevelt Hospital e foi dado como morto minutos depois.

Naquele mesmo instante, Júlio acordava de um transe profundo. Sentia que tinha voltado de outra galáxia, mas, com a ajuda da irmã, se levantou, jogou água fria na cara e pegou os discos. Eles correram para a rua e acenaram para o primeiro táxi. Quando entraram no carro, Okky perguntou ao motorista se tudo bem ele cheirar uma fileira e ofereceu um teco. A meia hora no táxi bastou para Júlio sair completamente do transe e chegar aceso e empolgado ao CalCenter. Eles pegaram a escada rolante para o segundo andar, mal notando como o lugar estava vazio. Alguns frequentadores estavam reunidos em pequenos grupos. "Estão chorando?", pensou Júlio. "Provavelmente são os últimos fragmentos da minha viagem." Ao se aproximar da porta de entrada, porém, notaram que estava tudo realmente vazio. "O que é isso? É o lugar errado? O dia errado? O que houve?"

Eles olharam ao redor. O segurança e a garota do guarda-volumes pareciam de saco cheio.

— Cadê todo mundo? — perguntou Júlio.

O segurança deu de ombros. A garota do guarda-volumes fez uma cara de preguiça, mas finalmente respondeu.

— Estão todos na Lanchonete Carimã, do outro lado da rua. Todo mundo chorando.

Júlio estava chocado. Chorando? O que havia acontecido? Denise e Okky também não estavam entendendo nada. Saíram de novo, atravessaram a rua e encontraram a equipe aos prantos pelas mesas. Nelson se aproximou primeiro e abraçou o corpo esguio de Júlio com força.

— Hoje, de todas as noites, dá para acreditar? Que tristeza... que tristeza... — murmurava Nelson.

— O que houve? — perguntou Júlio, desesperado.

— Você não sabe? — perguntou Nelson, surpreso. — Mataram ele. Mataram o John Lennon!

Júlio sentou-se ao lado de Nelson. Como o resto da turma, ele não acreditava na notícia. Perguntou como, por quê, o quê. Estava em choque. Completamente devastado. Ao mesmo tempo, sua cabeça viajava em mil direções diferentes. Foi ao banheiro cheirar mais um pouco e, quando voltou à mesa, bebeu um shot de cachaça como se fosse água. Milhares de pensamentos cruzavam sua mente numa velocidade estonteante. Qual seria o significado simbólico do assassinato de John Lennon exatamente naquele dia? Seria um aviso para Júlio ir embora de Nova York? Ou seria por um erro de Júlio que Lennon tinha sido morto? Ele devia ter estado lá para protegê-lo? O que o Universo tentava lhe dizer?

Tomou outra dose de cachaça, jogou a cabeça para trás e encarou o teto. Mal podia sentir seu corpo. Resmungou para si mesmo:

— Não há beleza sem dor. Não podemos parar agora. Precisamos ir em frente. Precisamos abrir a Pauliceia Desvairada.

Júlio se virou para os outros e repetiu em voz alta:

— Gente! Não há beleza sem dor. As pessoas estão esperando. Precisamos abrir a Pauliceia.

Ele ameaçou se levantar, mas a mistura de álcool e drogas o tinha afetado, especialmente as suas pernas, que não aguentavam sustentar mais o corpo alto. Assim que tentou, caiu. Bateu com a cabeça no tampo da mesa. Na queda, quebrou o dente da frente. Todo mundo se assustou, as garotas gritaram e Nelson correu para ajudá-lo. Mas Júlio se reergueu sozinho. Sorriu, mostrando o buraco entre os dentes, e repetiu para quem estivesse por ali:

— Vamos lá. Vamos abrir a Pauliceia Desvairada. — Deixando para trás os amigos, perplexos.

Júlio atravessou a rua, sentiu que havia algo de errado em sua boca e decidiu não se preocupar. Percebeu que já havia mais gente na frente da casa do que antes. Chegando à porta, o segurança o encarou, preocupado.

— Tá tudo bem?

— Tá, tá — respondeu Júlio. — Só me deixa falar com o público um segundo.

Júlio ergueu a voz:

— Gente. Hoje vamos abrir a Pauliceia Desvairada. E vamos comemorar a vida de John Lennon.

Júlio ficou em silêncio um instante e sentiu a tristeza da plateia.

— Me deem dez minutos pra gente se organizar, aí a gente abre pra vocês.

A equipe também tinha voltado. Júlio abriu a sacola de discos e tirou o último álbum de Lennon, *Double Fantasy,* A linda capa em preto e branco mostrava Lennon e Yoko Ono se beijando calmamente. Estavam com os olhos quase fechados, era possível sentir o amor.

— Nelson, você acha que a garota do vídeo pode projetar esta capa no telão? — pediu Júlio.

— Claro, falo com ela.

Júlio foi até a cabine do DJ, suspensa alguns metros acima da pista. Subiu pela escadinha, carregando a pesada bolsa de discos. Dela, tirou dois álbuns de Nino Rota. No toca-discos da esquerda, botou a trilha sonora de *Romeu e Julieta*. No da direita, a de *O poderoso chefão II*. Quando as imagens em preto e branco de Lennon e Yoko apareceram na tela, ele pediu ao segurança que abrisse as portas. O público entrou e Júlio tocou as composições mais trágicas de Rota. Primeiro, "The Likeness of Death", de *Romeu e Julieta*, seguida por "The Brothers

Mourn", de *O poderoso chefão*. Da cabine, via a pequena pista enchendo. Alguns choravam, outros se abraçavam. Quando as músicas de Rota acabaram, Júlio pegou o álbum de Lennon, *Double Fantasy*, e colocou a primeira faixa: "(Just Like) Starting Over". Assim que a voz de Lennon surgiu, toda a plateia começou a cantar junto, baixinho:

> Our life together, is so precious together
> We have grown, we have grown
> Although our love is still special
> Let's take a chance and fly away
> Somewhere alone

Ao final da música, Júlio apenas tocou de novo, de novo, de novo e de novo, até não aguentar mais. Fez uma pausa, tomou uns goles de cachaça e colocou para tocar todos os seus discos preferidos de Nova York. Kid Creole, B-52s, Gang of Four, The English Beat, e assim por diante. Dom Pepe estava ao seu lado, dançando e aprovando suas escolhas. Às vezes, entrava para tocar uns discos também, como um verdadeiro mestre.

Era um começo pesado, mas não podiam passar a noite toda de luto. Júlio precisava transformar o acontecimento em uma comemoração da vida. Imaginou que John Lennon provavelmente gostaria que fosse assim. Eram duas da manhã, a danceteria estava finalmente lotada e a pista era um verdadeiro carnaval. A Pauliceia Desvairada tinha oficialmente sido aberta.

Nas semanas seguintes, a danceteria rapidamente se tornou o principal assunto da cidade. Era *o* lugar. Muita gente ia até lá não apenas para dançar, mas também para ouvir música. Júlio trazia uma música estrangeira que ninguém conhecia e não tocava em nenhum outro lugar, nem nas casas noturnas, muito menos no rádio. Além de atuar como DJ, Júlio começou a contratar bandas, cantores, artistas e performances. Tinham o apoio financeiro de Ricardo Amaral, e os artistas estavam loucos para se apresentar ali. Nos primeiros meses, Júlio convidou bandas de rock como Tutti Frutti, Made in Brazil e a sua roqueira preferida entre todos, Rita Lee. Também chamou artistas como Jorge Mautner, Arrigo Barnabé e Aguilar e Banda Performática, que trouxe o artista Ivald Granato para fazer uma performance de pintura ao vivo. Júlio chamava tudo isso de "música pra pular brasileira". Todos os estilos juntos: frevo, reggae, rock, MPB, samba e tudo o mais. Música viva. A Pauliceia era muito mais que uma casa noturna; rapidamente, se tornou um lugar-chave para os jovens descobrirem novos artistas, novas artes e novos sons.

Na noite de sexta-feira, 6 de março de 1981, Júlio estava especialmente animado. Tinha acabado de ganhar uns vinis novos vindos dos Estados Unidos e melhorara seus talentos como DJ nos últimos meses. Naquela noite, a Pauliceia estava lotada. A pista cheia de garotas descalças de minissaia e garotos sem camisa. Desde cedo, tinha gente dançando nas cadeiras e mesas. Júlio sorria e acenava. O público amava suas escolhas. No meio da pista, ele notou uma garota de cabelo curtinho dançando maravilhosamente. Ela era exótica. Americana, talvez até europeia. Júlio botou os óculos para enxergar melhor e notou que o disco que tocava estava acabando. Correu para colocar "Another World", de Joe Jackson, no toca-discos. Olhou de novo para a garota e acenou. *Sobe! Sobe!* Mas ela não parecia notar que era com ela. Ou notava? Parecia estar dançando de um jeito mais sensual! Uau! Que gata! *Sobe! Sobe!* Júlio seguiu acenando. Ela cochichou com a amiga, riu, e finalmente andou na direção de Júlio, subindo a escadinha até a cabine. Quando chegou, Júlio se inclinou para perto dela:

— Você parece a Sybil Walker.

Ela não fazia ideia do que ele tinha dito. "Então é mesmo estrangeira!" Júlio passou para o inglês, repetindo que ela parecia uma modelo nova-iorquina. Mas só conseguia pensar: "Quero beber com essa garota. E quero beijá-la. Depois, quero fazer amor com ela. Esses olhos. Esse sorriso. *Nossa!*"

Ele quase esqueceu que estava tocando, até a garota lhe dizer que a música de Joe Jackson estava no fim. Rapidamente, Júlio colocou "Dreaming", do Blondie, e se aproximou dela de novo. Fez um sinal para que ela fosse tomar um drink com ele. Desceram e atravessaram a pista na direção do bar. Júlio tentou agir da forma mais descolada possível. Cumprimentou gente que não conhecia e deu beijinhos em garotas de que se lembrava vagamente. A caminho do bar, Blondie cantava na caixa de som: "People stop and stare at me!" No bar, ele pediu que Dom Pepe tomasse um pouco as rédeas, e Dom concordou. O barman serviu dois copos de Johnny Walker, e, logo antes de dar o primeiro gole, se apresentou:

— Meu nome é Júlio.

Ela sorriu, deu um gole, apoiou o copo no bar e respondeu:

— Alice, *nice to meet you*.

"Alice, Alice, como a do País das Maravilhas. Um conto de fadas no meio da pista. Que belo presente. Que sorte." Ele a encarou e imaginou como seria beijá-la. E Blondie cantava: "Dreaming is free."

Foi assim que tudo começou.

5. Noite e dia
(Lobão/Júlio Barroso)

Nos lençóis da cama,
Bela manhã
No jeito de acordar
A pele branca
Gata garota
O peito a ronronar
O seu fingir dormindo
É lindo
Você está me convidando
Menina quer brincar de amar

No escuro do quarto
Bela na noite
Nas ondas do luar
Os seus olhos negros
Pantera nua
Quer me hipnotizar
E eu fico sorrindo
Lindo
Você está me convidando
Menina quer brincar de amar

© EMI Songs do Brasil Edições Musicais Ltda./Luz da Cidade Prod.
Art.Fono.Edit.Ltda.

Júlio acordou e abriu a janela para encarar a cidade. Comparada a Nova York, São Paulo era bagunçada e dispersa, mas metropolitana de verdade. Ele olhou por cima do ombro para a cama, para ver se Alice ainda dormia. Tinha a pele muito branca, como uma gata garota, semicoberta pelos lençóis. Parecia inocente, doce, também sensual e ousada. "A gata design." Queria acordá-la para contar suas últimas ideias, ou só para transar com ela. Ou as duas coisas. Será que ela estava fingindo dormir? De todo jeito, era superatraente.

Ele decidiu não acordá-la. Em vez disso, pegou seu caderninho e anotou algumas ideias. Andava sempre com um caderno onde rabiscava fragmentos de letras, poemas e nomes de músicos que queria pesquisar. Na primeira página, Júlio leu uns versos que tinha escrito para uma possível música:

Perdidos na selva
Mas que tremenda aventura
Você até jura
Nunca senti tamanha emoção

Eram só essas quatro linhas, e ele as cantarolou na janela diante do horizonte ensolarado de São Paulo. Estava empacado nessa estrofe e queria ajuda para continuar. Virou para a página com nomes de artistas, cantores e músicos, acrescentando cinco novos nomes:

Pesquisar:
— Wander Taffo, guitarrista da Rita Lee
— Oswaldo Vecchione, baixista da Made in Brazil
— Lobão, baterista da Marina Lima
— Miguel Barella, guitarrista da Agentss — a banda é boa!!!
— Akira Tsukimoto, jovem japonês, bom de baixo e synth

Ele acabou de registrar os nomes e ouviu Alice acordar.

— *Hey, mister* — sussurrou ela da cama.

— Oi — respondeu Júlio. — Escuta! Tenho umas ideias ótimas que quero te contar.

Alice riu.

— Eu acabei de acordar! Que tal me dar um beijo de bom--dia?

Júlio correu para a cama a fim de beijá-la. Se arrastou para o lado dela e sentou-se com as costas contra a parede. Alice continuou deitada, com a cabeça no travesseiro, olhando para Júlio. "Que cara estranho... Ele não tem o dente da frente e está ficando careca, mas é intrigante e engraçado. E dança superbem!"

Na noite anterior, Júlio havia pedido a Dom Pepe que tocasse no lugar dele, para poder dançar com Alice. Acima de tudo, ele não era devagar como os garotos holandeses com quem ela havia namorado. Até Tim, do U2, que parecia interessante no começo, era muito bobinho. Tim não era nem de longe tão interessante quanto Júlio. Esse cara, Júlio... ele é especial.

— Você conhece uma banda chamada U2? — perguntou Alice.

— Rock irlandês, né? Um álbum, aquela foto de criança na capa. Meio religioso.

Alice nunca tinha conhecido alguém que soubesse quem era U2.

— Você conhece? — insistiu, surpresa.

— Claro — disse Júlio. — Nunca vi um show, mas conheço o som.

Alice estava chocada, e orgulhosa de dizer que os conhecia muito bem.

— São amigos meus. E da Rosana!

— Quem é Rosana? — perguntou Júlio.

— Minha amiga! A gente dançou com ela a noite toda ontem, seu doido!

— Aaaaah, ela. Garota legal — sorriu Júlio.

— Garota legal? Garota legaaaal? Ela é a melhor garota do mundo! A mais legal! A mais inteligente! A mais linda do mundo! Minha melhor amiga! Por sinal, a gente devia ligar pra avisar que estou bem.

— Você tá bem. Muito mais do que bem — disse Júlio, voltando a beijá-la. — Esses roqueiros irlandeses deviam tocar na Pauliceia um dia — comentou casualmente, depois do beijo.

— Deviam! A banda é ótima. Eu e a Rosana saímos muito com eles no ano passado, mas aí o empresário começou a se apaixonar por mim e eu não fiquei a fim dele. E decidi me afastar. Mas eles são ótimos, sabe?

Júlio não estava mais prestando atenção. Deu outro beijo em Alice, e ela o recebeu com alegria. Em seguida, ela se aproximou ainda mais e o beijou profundamente. Era o seu convite para fazer amor. Júlio entrou debaixo dos lençóis, acariciando o corpo de Alice e tirando as roupas. Eles transaram com a mesma intensidade de quando tinham chegado da noitada pela manhã.

Alice e Júlio continuaram conversando e rindo na cama até bater a fome. Quando saíram para tomar o café da manhã, o sol já estava se pondo e não havia mais almoço, que dirá café. Eles não faziam ideia da hora e acabaram em uma padaria na avenida Ipiranga, onde comeram sanduíches de salame e beberam cerveja. Conversaram sobre música, livros e filmes.

— Eu amo os Talking Heads — disse Alice. — Vi um show deles em Paris. Tãããããão bom!

— Eles são ótimos, mas prefiro Kid Creole. Já viu o Kid? Os shows... parece teatro, é incrível. Quero ter uma banda assim!

— Você quer ter uma banda? — perguntou Alice. — Toca alguma coisa?

— Não, mas quem se importa? — respondeu Júlio, sorrindo.

— Mas sabe cantar?

— Não, também não canto, mas e daí? O que interessa é o conceito, o estilo, as ideias! Quem liga se eu sei cantar?

— Tá, eu vou te ver quando fizer um show, mas vou te largar quando desafinar! — brincou Alice.

— Você vai estar lá de qualquer jeito, porque vai fazer parte da banda!

Júlio se aproximou e a beijou, ainda rindo. Depois escaparam para cheirar umas carreiras no banheiro da padaria.

— Estou lendo um livro superinteressante, sabia? — comentou Alice, enquanto cheirava. — *O jogo da amarelinha*, acho, de um autor argentino que eu esqueci o nome.

Júlio cheirou sua carreira de uma só vez e olhou para o teto. "Uau, bateu."

— Conheço o livro — murmurou, se apoiando na parede do banheiro. — É do Júlio Cortázar. Ótimo romance. Experimental. Associativo, surreal, mas também hilário. Tocante, poético.

Alice ficou quieta por um segundo.

— Você conhece? Uau! Você conhece tudo!

Ela estava fascinada e ao mesmo tempo intimidada por Júlio e sua cultura geral, quase enciclopédica. Não mencionou que estava tentando começar o livro pela terceira vez, mas não conseguia passar da terceira página.

Eles voltaram à mesa, os olhos em conexão constante. Alice sentou-se e suspirou longamente, feliz. Duas semanas antes, estava tão ansiosa com a ida a São Paulo que não conseguia dormir. Como seria sua vida? Onde ficaria? Como se comunicaria? Não falava uma palavra de português! E ali estava ela.

Era como se alguém tivesse trocado todos os seus medos por aquele homem charmoso sem dente.

Ele sorriu e falou:

— Gata garotaaaaaa...

— *What does THAT mean?* — riu Alice. — Ah, essa língua. Acho que nunca vou entender nada. Só sei *"tudo being"*, alguma coisa assim.

— Quer treinar seu português? — perguntou Júlio.

Ele pegou uma edição recente da revista *Veja* que havia trazido consigo. Essa edição tinha um artigo de Okky sobre a new wave no Brasil, para o qual Júlio fora entrevistado. Ele abriu na página certa e pediu a ela que lesse.

— Uau! Você está na revista! Que legal! Deixa eu tentar ler.

Ela começou, entusiasmada:

— Uma geraçaaaao... como se pronuncia isso? Ssssaaao? — riu Alice.

Júlio aproximou-se por sobre o ombro de Alice e começou a ler em voz alta:

— Uma geração de roqueiros...

Alice o interrompeu.

— Hoquiro? Isso é um R, não um H!

Júlio riu. Ele gostava de como ela era direta. Deixava ele maluco.

— Dá aqui — pediu, pegando a revista. — "Uma geração de roqueiros sacode a música internacional e decreta o início de uma nova onda. Existe no ar uma urgência de renovação, uma aposta política no inusitado, uma certeza de que nada será como antes."

Alice adorava o som do português de Júlio lendo.

— O que isso significa?

— Basicamente, estou falando da urgência por esse novo tipo de música, nossa música — explicou Júlio. — Dizendo que a gente precisa mudar tudo, não só lá fora, mas aqui no Brasil também. Que essa é a novidade e que está só começando. Citei aqui "Nada será como antes", do Milton, mas o Okky não pegou.

— Júlio fez uma breve pausa e continuou: — Sabe, Alice, eu era super-hippie. Tentei escapar da sociedade, fui pro campo. Mas agora sou new wave. New wave não é escapismo, é o contrário! New wave é encarar a sociedade, criar esquemas alternativos dentro dela, penetrar no que já existe de música, arte, moda, comportamento... tudo! É uma geração de gente procurando algo novo. É a música da mudança, Alice.

Alice concordou, entusiasmada. Estava há pouco tempo no Brasil, não sabia praticamente nada sobre o país, mas sentia a energia vibrando na cidade. Olhou para Júlio admirada e se inclinou sobre a mesa para explorar sua boca. As línguas se enroscando apaixonadamente pelo que pareceu horas. Finalmente, ela se afastou.

— E agora? — perguntou, animada, pronta para explorar o mundo de Júlio.

Júlio queria comprar uns discos para tocar na Pauliceia aquela noite. Pagou a conta da padaria e levou Alice às galerias comerciais da região, onde os punks e roqueiros paulistas passeavam. Levou Alice às suas lojas de disco preferidas. Primeiro, a Bossa Nova Discos, na Galeria Sete de Abril, depois, a Wop Bop Discos, na Galeria 24 de Maio, e acabaram na Baratos Afins Discos, uma das poucas em São Paulo com bons discos importados. Compraram os novos vinis do Police, Siouxsie & The Banshees e alguns lançamentos brasileiros: Fafá de Belém, Walter Franco e

Itamar Assumpção. Este último parecia especialmente intrigante e interessante.

— Sabia que ele vai tocar hoje no Lira Paulistana? — comentou Luiz, o dono da loja.

— Sério? Que bom! — disse Júlio, voltando-se para Alice.

— Vamos ver o show desse cara!

Às dez, chegaram ao Lira Paulistana, um pequeno teatro na praça Benedito Calixto. Uma escadaria os levou a um porão escuro, onde o show estava começando. No palco, viram um cantor negro carismático que parecia falar mais que cantar. A banda que o cercava tocava uma mistura de samba, funk e rock. Alice nunca tinha escutado antes um som como aquele. Sentia que era político, mas não entendia a letra. Júlio se aproximou dela dizendo:

— O baterista é ótimo!

Alice ficou na ponta dos pés para enxergar. Um cara negro alto e magrelo de bigodinho e cabelo afro tocava energicamente a bateria.

— Ele toca com o corpo todo, batuca na bochecha e faz sons com a boca — comentou Júlio.

— Bom demais! — concordou Alice, impressionada.

Júlio estava fascinado. Aquele cara tinha um trovão nas mãos. Esperaram o show acabar e se aproximaram. Júlio abordou o baterista como se fossem os melhores amigos e começou a elogiá-lo, fazendo referência a outras bandas e descrevendo a energia que ele havia espalhado no ar. O homem sorriu, aceitou os elogios e pareceu um pouco surpreso com o esquisito casal. Júlio o convidou para tocar em sua banda e apresentou Alice como uma das cantoras. Alice sorriu contente, mas não fazia ideia do que estavam dizendo.

— Por que você não passa na Pauliceia hoje? Vou te botar na lista para entrar de graça. Qual é o seu nome?

— Gigante. Gigante Brazil.

— Excelente nome — disse Júlio, e virou-se para Alice. — Em inglês, o nome dele é *Giant. Brazilian Giant!*

— Sério? Uau! Que nome!

— Na verdade, meu nome é Jorge — disse o sujeito, com toda a calma. — Mas todo mundo me chama de Gigante — explicou abrindo um lindo e brilhante sorriso.

Júlio programava apresentações especiais todas as sextas e aos sábados. Naquele sábado, havia tido a ideia de deixar Luiza Maria, a secretária de Nelson, atacar de DJ. Monica tinha espalhado a novidade, ligando para todos os seus contatos. "Você ficou sabendo? Hoje vamos apresentar a primeira DJ mulher do Brasil! Da história!" Luiza Maria achava a ideia engraçada e concordou, desde que Dom Pepe e Júlio ajudassem. Ela vinha com o namorado, o cantor e músico Guilherme Arantes. Júlio o conhecia do Posto 9, em Ipanema, frequentado por toda a galera das artes, mas tinha perdido contato ao se mudar para Nova York.

— Guilherme! — disse Júlio, entusiasmado ao reencontrá-lo. — Como vai? Sua carreira está indo bem, né? Adorei seu último disco!

Ninguém resistia ao charme de Júlio. Guilherme sorriu e agradeceu.

— Tá tudo ótimo. Que legal colocar a Luiza pra tocar. Excelente ideia!

— É, ela tá mandando muito bem. Escuta só! Ela devia entrar na banda que eu tô montando!

— Você está montando uma banda? — perguntou Guilherme, surpreso.

Alice se aproximou dos dois quando "Whip It", do Devo, começou a tocar.

— Vamos dançar, Júlio! — chamou, puxando-o pelo braço para a pista.

— Tô, sim, vai ser muito bom. Uma banda de new wave. Você devia entrar também! — gritou.

Júlio puxou Alice para perto, beijou-a e apresentou-a a Guilherme. Ela caprichou no charme.

— Ooooooi... *I'm Alice! I'm afraid I need to borrow this man from you soon. I need him on the dance floor!*

Os dois sorriram, e continuaram a conversa.

— Lembro que você me mostrou uma letra ótima, há um tempo, na praia — disse Guilherme. — Como era mesmo?

— Ah, você lembra? Acho que era "Perdidos na selva". Ainda tenho essa. Na real, quero continuar! Não consigo achar um bom refrão.

Alice seguia puxando o braço de Júlio para a pista.

— Talvez eu pudesse tentar... — sugeriu Guilherme.

— Ótimo! Na verdade, o que eu quero mesmo é me juntar com uma galera. E ver se a gente pode escrever e fazer um som junto! — respondeu Júlio.

— Parece uma boa. Aluguei uma casa na Praça da Árvore. Tranquilo você convidar quem quiser pra vir.

Os puxões de Alice ficaram fortes demais, mesmo para um homem alto e forte como Júlio.

— Ótimo! Vamos dar um pulo até lá daqui a uns dias — falou enquanto era arrastado para a pista.

Dançaram até o fim da noite na pista escura. Os olhares não se afastavam um do outro por um segundo.

Ao acordar na manhã seguinte, Alice sentiu-se culpada com Rosana. Estava em São Paulo há pouco tempo e já sentia que a tinha abandonado. Por outro lado, queria muito estar com Júlio, conhecê-lo e saber tudo sobre a sua vida. Por isso, ficava dividida. De repente, lembrou que tinha prometido almoçar com a família de Rosana naquele domingo. Aflita, acordou Júlio.

— Que horas são? Preciso ver a Rosana!

Ele ainda estava semiadormecido, e só resmungou:

— O quê?

— Preciso ir! — enfatizou Alice.

— Aonde? — resmungou.

— Almoçar com a Rosana e a família dela. Eu prometi.

Júlio abriu os olhos e a puxou com força para beijá-la.

— Vamos juntos, então.

Alice nunca tinha levado um garoto para casa, nem consideraria a ideia. No entanto, esta era sua família postiça, e a vida andava de cabeça para baixo nos últimos dias, então... por que não? Ainda assim, sentia um certo nervosismo ao chegar à casa da família de Rosana. Para piorar, Rosana não estava.

— O quê? Ela foi ao cinema com uma amiga? — perguntou Alice, surpresa, para Luciana, irmã de Rosana.

— Tudo bem — tranquilizou Luciana. — Não se preocupe, come com a gente.

Alice estava confusa, mas se acalmou quando começou a comer. O almoço de domingo na família Azanha era como um banho quente. Por um momento, Alice ficou tão tranquila que perdeu Júlio de vista. E só após terminar sua moqueca é que foi procurá-lo, encontrando-o no quintal com o pai de Rosana.

— Quais são as filósofas mulheres mais incríveis do momento? — Júlio perguntava ao pai de Rosana, professor de filosofia na USP, quando Alice se aproximou.

— Bom, sempre tivemos boas filósofas, não apenas agora — respondeu o pai de Rosana, achando graça na pergunta.

Alice olhou para eles. Dois homens conversando sobre mulheres filósofas, cada um com um copo de uísque na mão. Júlio parecia se conectar com as pessoas com tanta facilidade! Ela tinha visto isso nas noites, na padaria, e novamente ali. Ele falava a língua de todos e trazia novas ideias.

— Artistas são tão importantes quanto filósofos — dizia Júlio. — Talvez até mais. Artistas vão na linha de frente e quebram o *statu quo*.

— Mas... junto com os filósofos! É isso que sempre esquecem — acrescentou o pai de Rosana. — Criatividade e intelecto andam de mãos dadas.

Os dois riam e tomavam goles de uísque. Alice nunca teria imaginado aquela cena. Ali estava ela, aos 20 anos, do outro lado do mundo, morando com uma família que tinha acabado de conhecer, olhando para o namorado de 1,80 metro, um artista, DJ, *performer* e amante delicioso que bebia uísque com o pai de sua amiga! E ela mal o conhecia. Que absurdo! Olhou ao redor e viu toda a família conversando tranquilamente. Ninguém notava como isso era estranho? Entretanto, esse era apenas o começo. Sua vida se movia agora em alta velocidade, e aceleraria sem parar por mais quatro anos.

Alguns dias depois, Júlio levou Alice com ele à casa de Guilherme Arantes.

— Vamos começar a banda hoje!

— Legal! Mal posso esperar — sorriu ela.

— Convidei uma galera para compor e tocar — disparou no táxi para a casa de Guilherme.

Ao chegarem, foram recebidos por Luiza Maria já na porta. Na sala, um monte de gente conversava e fumava. Alice logo se enturmou, conversando com uma garota que descobriu depois ser a irmã de Júlio, Denise. Conheceu também seu namorado, Okky, Nelson e mais um monte de gente. Júlio era o mais falante do grupo.

— ... a gente vai montar uma banda, mas eu não quero uma banda tradicional. É pra ser mais um coletivo. Todo mundo pode entrar, mesmo sem saber tocar. Eu, por exemplo, não sei tocar nada, mas posso escrever tanto quanto Guilherme, que é um ótimo pianista!

— Mas quem vai fazer a música se ninguém sabe tocar, Júlio? — perguntou Luiza Maria.

— A gente vai contratar! A gente pode contratar músicos incríveis. Mas as ideias são nossas. E somos a cara da banda também. A gente se apresenta. A gente cria as músicas. Quando as músicas estiverem prontas, a gente chama uns músicos para tocar e gravar — respondeu Júlio. — Além disso, não importa tocar ou cantar "bem" — acrescentou ele. — Quem liga?

A maioria dos presentes riu. Júlio tomou um gole de vodca e seguiu.

— Vamos tentar. Escrevi uns versos, podemos acabar a música juntos!

Júlio leu os primeiros quatro versos de "Perdidos na selva" e o resto do grupo começou a dar ideias, sugerir palavras e frases. Guilherme tocou uns acordes no piano e assim continuaram por horas. Alice era apenas espectadora. Não fazia ideia do que estavam falando, mas adorava o clima animado e criativo, e estava louca para participar. No fim do dia, estavam todos bêbados, e a atmosfera ficava mais cômica a cada minuto.

Apesar da bebedeira, acabaram com um bom refrão que Guilherme lapidou, acompanhando ao piano. Ele pediu que todo mundo cantasse com ele:

Eu e minha gata
Rolando na relva
Rolava de tudo
Covil de piratas pirados
Perdidos na selva-aaaaa

— Ótimo! Bom demais! — respondeu Júlio. — Mas acho que só as garotas deviam cantar. Vamos tentar de novo!

As garotas, exceto Alice, cantaram de novo.

— Elas não cantam mesmo muito bem... — sussurrou Nelson para Júlio.

— Não importa! — respondeu Júlio. — A gente pode mixar no estúdio, e é divertido ser meio desafinado. Vai funcionar, com certeza!

Continuaram a confusa escrita coletiva até acabarem a música, mais ou menos.

— Agora você quer contratar músicos profissionais pra gravar no estúdio? — perguntou Nelson.

— Isso. Quero gravar!

— Você já pensou quem seriam os músicos? — perguntou Nelson, sabendo que Júlio provavelmente já sabia muito bem quem ele queria para as gravações.

— Já. Quero Wander Taffo na guitarra, Oswaldo Vecchione no baixo, Gigante Brazil na bateria e o Guilherme no piano. Posso cantar o vocal principal e deixar as garotas no refrão. A gente pode continuar ensaiando aqui na casa do Guilherme e depois gravar em um estúdio mais profissional.

Nelson sorriu concordando. Podiam produzir o disco, Guilherme faria a direção musical e tentariam lançar pela Warner Records, onde Nelsinho tinha ótimos contatos.

— Acaba a música, que eu dou um jeito de pagar pelo estúdio e pelos músicos — propôs Nelson.

— Vai ser o maior sucesso. Tenho certeza — insistiu Júlio.

No táxi, de volta, Júlio disse a Alice que iriam para o estúdio gravar e que ela devia cantar no refrão com as outras garotas.

— O quê? Você quer que eu cante? Em português? Júlio, eu não falo uma palavra da língua! Como eu vou cantar? — respondeu Alice, surpresa.

Júlio a tranquilizou, dizendo que "daria tudo certo". Ela podia aprender a letra em casa e as outras garotas a ajudariam com a pronúncia das palavras no estúdio.

— Você vai dar conta! — insistiu ele.

Alice adorava a ideia de estar numa banda. Mas cantar em uma língua que não conhecia, em uma gravação de verdade? Era assustador. Tudo ia rápido demais. E ninguém parecia levar nada a sério. Mesmo assim, era para gravar um single, né? E falavam em fazer uns shows? É *preciso* levar isso a sério. Por outro lado, era tudo uma grande montanha-russa na qual ela tinha subido, e ela estava feliz de seguir viagem. Finalmente, concordou com o convite de Júlio e o acompanhou ao ensaio no dia seguinte.

Naquela noite, Alice passou a noite acordada, treinando freneticamente a letra. Júlio a ajudou com a pronúncia, e no dia seguinte ela já sabia os 38 versos de cor, sem nenhuma ideia do que significavam. Ao chegar ao ensaio, descobriu que as outras garotas estavam muito menos preparadas. Para começo de conversa, elas chegaram com horas de atraso, e não havia uma que soubesse a letra. Os músicos estavam igualmente despreparados, atrasados, e não faziam ideia do que tocar. Finalmente, às três da tarde, começaram a tentar ensaiar em meio a um completo caos, sendo Guilherme e Júlio os maestros. Álcool e drogas fluíam em abundância, e ninguém sabia se a música era mesmo boa. Ainda assim, dois dias depois, o grupo foi ao Nosso Estúdio Som e Imagem, em Perdizes, gravar. A voz de Júlio tinha pouco alcance, então Guilherme se juntou a ele no vocal. Alice tinha a melhor voz entre as garotas, e, com isso, o técnico de gravação, Marcos Vinicius, amplificou o seu vocal, sobrepondo-o ao das outras três. Guilherme acrescentou uns sons de sintetizador com o Minimoog, dando um toque moderno à música, enquanto Wander Taffo dava à gravação uma boa pegada de rock, com uma abertura de guitarra.

No mesmo dia, gravaram outra música, que seria o lado B do compacto. Júlio escolheu interpretar "Christine", do Siouxsie & The Banshees, transformando uma canção pós-punk pesada em uma canção de clima ao mesmo tempo sombrio e sonhador. Ele havia feito uma tradução livre da letra original com a ajuda do velho amigo de *Música do Planeta Terra*, Antônio Carlos Miguel, e sua mulher, Katy. Chamaram essa versão de "Lilik Lamê". A letra original falava dos transtornos mentais de uma garota chamada Christine, mas Júlio, Katy e Antônio Carlos a transformaram na história de uma garota tão linda que derretia que nem sorvete. Deram a ela o nome de Lilik, em homenagem à musa divina do poeta russo Vladimir Maiakovski, Lilya Brik. E para mostrar seu amor pela irmã, Júlio decidiu que Denise devia fazer a voz principal, tendo as outras garotas como backing vocals. Alguns dias depois, Júlio foi encontrar Nelson Motta, para mostrar as duas músicas gravadas.

— Estão ótimas! — proclamou Nelson, maravilhado.

Seu entusiasmo pelas canções o levou a uma enxurrada de ações. Primeiro, entrou em contato com Leonardo Netto, seu sobrinho, que trabalhava na Warner. E chegou ao chefão da gravadora, André Midani, que também ficou animado e aprovou o lançamento de um compacto.

— A gente só precisa de um bom nome pra banda! — disse Nelson a Júlio, empolgado ao receber a notícia de Midani.

Júlio já tinha um nome para sua banda há algum tempo. Ele gostava da ideia de uma gangue. Um grupo de gente criando música junto. Um coletivo de amantes da música. Membros entrando e saindo, contribuindo de formas diferentes, mas sempre com um pensamento parecido. Gostava da ideia de uma gangue porque lhe parecia rebelde e ousado. A gangue não seria limitada a umas poucas pessoas, mas teria dezenas delas, até 90. Além disso, fariam uma música realmente nova, uma música que talvez nem fosse entendida naquela década, apenas na seguinte, nos anos 1990! Em homenagem ao seu querido Kid Creole and The Coconuts, ele queria um nome com ritmo semelhante. E andava ouvindo a banda britânica Gang of Four, de quem amava o nome. Mas, por fim, queria enfatizar a importância das garotas, como as Coconuts ou as Chacretes.

— Claro, tenho um nome perfeito para a banda — disse Júlio. — Gang 90 & Absurdettes.

6. Telefone
(Júlio Barroso)

São três horas da manhã, você me liga
Pra falar coisas que só a gente entende
São três horas da manhã, você me chama
Com seu papo poesia me transcende

Oh, meu amor
Isto é amor
É amor

Sua voz está tão longe ao telefone
Fale alto mesmo grite não se importe
Pra quem ama a distância não é lance
Nossa onda de amor não há quem corte

Pode ser de São Paulo a Nova York
Ou tão lindo flutuando em nosso Rio
Ou tão longe mambeando o mar Caribe
A nossa onde de amor não há quem corte

Oh, meu amor
Isso é amor

Oh, meu amor
Isso é amor

© Universal Publishing Mgb

Em abril de 1981, Gang 90 & Absurdettes ensaiava para o primeiro show na Pauliceia Desvairada. Estavam todos na casa de Denise e Okky quando Júlio tentou descrever o que tinha em mente para a apresentação. De repente, Denise o interrompeu e perguntou ao grupo:

— Será que a gente devia ter uns nomes artísticos? Quer dizer, Denise Barroso não soa muito maneiro.

Fez-se silêncio por alguns segundos, antes de todos concordarem. Júlio também estava de acordo.

— Claro! Precisamos de nomes!

O grupo imediatamente começou a pensar em possibilidades. Primeiro para Denise, que queriam chamar de Bette, ou alguma coisa com Davis, porque ela lembrava a atriz norte-americana Bette Davis. Mas não conseguiam encontrar nada interessante, até Júlio pegar outro caminho.

— Mana, você é pura beleza, como uma Lolita. A gente podia te chamar de Lolita — sugeriu.

— Só isso? Só Lolita? — respondeu Denise, pouco convencida.

— Não, não, devia ser mais chique — respondeu Júlio. — Talvez meio francesa?

E trocaram ideias até chegar a Lolita Renaux.

— Não sei se eu gosto muito — questionou Denise, mas Júlio nem ouviu e seguiu adiante, dirigindo-se a Maria Elisa Pinheiro.

— E você... você tem essa sensualidade da Mae West — disse ele e todos riram. — Mas é bem mais ousada e descolada. Não é oeste, é leste. O lado mais radical e interessante. Então a gente devia te chamar de May East! Combina com você, May East.

— Luiza Maria está bom. Não preciso de nome artístico — interrompeu Luiza, antes de ganhar um apelido.

— Ok, tranquilo — respondeu Júlio.

— E você? — perguntou então May East.

— Assim como Luiza Maria, não preciso de nome artístico. Sou JÚLIO BARROSO!

Todos riram.

— E Alice? — perguntou May East.

— Já sei o meu — disse ela, antes que Júlio pudesse começar a pensar. — Sempre fui muito fã da Liesel Pink-Pank, uma bailarina alemã da década de 1930. *I love her name*. Acho que vou ser Alice Pink Pank.

Ficaram todos surpresos com a firmeza de Alice.

— Excelente nome — disse May East.

— É... muito maneiro — concordaram Denise e Luiza Maria.

— Uau! — respondeu Júlio. — Super!

Alice sorriu e respondeu na primeira palavra em português:

— Obrigada.

Na noite da primeira apresentação da Gang 90, a Pauliceia Desvairada estava movimentadíssima. Dom Pepe aquecia a plateia enquanto Júlio preparava o show nos bastidores. Em determinado momento, Júlio fez sinal para Pepe diminuir a música e outro para o técnico de luz. Quando tudo ficou escuro e quieto, ele andou até um toca-discos pequeno no centro do palco. Levantou a agulha e largou no disco. O conto de fadas de Cinderela começou a tocar e Júlio deixou o palco. Pelo outro lado, entrou Tavinho Paes, um jovem e dinâmico poeta do Rio, amigo próximo de Júlio. No telão, imagens em movimento de May East e Alice fazendo cenas cômicas foram projetadas. A plateia estava animada. Sussurravam e riam em antecipação. Tavinho diminuiu o volume do disco e pegou o microfone para recitar um pequeno poema. Era sua própria versão de *Cinderela*, uma Cinderela lésbica, de título "Procurando por um sapatão".

— Ela procura e procura, mas não encontra em lugar nenhum — sussurrou Tavinho para a plateia.

Enquanto Tavinho dizia o poema, May East entrou no palco. Parecia procurar algo, cada vez mais perto de Tavinho, até estar bem na frente dele. Cara a cara, eles ficaram em silêncio por um momento.

— Seu sapaaaaato, Cinderela? — disse Tavinho, finalizando o poema e sorrindo com crueldade para May.

As luzes se apagaram de novo e vários músicos entraram em cena. Gigante Brazil na bateria, Wander Taffo na guitarra e Lee Marcucci no baixo. Ao mesmo tempo, Tavinho saiu do palco, deixando os músicos mais alguns segundos em silêncio. Então, fez-se um enorme estrondo e as luzes se acenderam. May continuou no palco e as outras Absurdettes entraram, dançando animadas. A banda tocou os primeiros acordes de "Perdidos na selva", enquanto Júlio entrava no palco como um verdadeiro roqueiro. Ele vestia um terno branco, como seu ídolo, Kid Creole. Todos viam que ele estava em total controle do palco, cantando alto:

— Perrrdiiiidos na selvaaa...

Júlio ria para a plateia, deixando todos excitados, conquistando o público com sua simples presença. Sentia-se livre com quatro mulheres lindas a seu lado, Alice a mais próxima, dando voltas ao redor dele, erguendo as pernas, como uma bailarina, contra o corpo de Júlio. Enquanto Alice se movia a seu redor,

Júlio a examinava com ar de machão, aprovando os movimentos lascivos. "Perdidos na selva" foi seguida por vários covers, todos escolhidos por Júlio. Durante as músicas estrangeiras, Alice assumia um lugar de maior destaque no palco, e, durante as brasileiras, as outras Absurdettes tomavam a liderança. Uma música era cantada apenas por duas Absurdettes, Alice e May East. Era uma versão *a cappella* de "Lili Marlene", a famosa canção de amor alemã da Segunda Guerra. A ideia era que ela oferecesse uma pausa no show, para que os outros respirassem, tomassem um pouco de Jack Daniel's, e também que a plateia relaxasse antes do grande final. Mas Alice e May agitaram a versão, criando muito mais do que uma pausa, criando, sim, uma versão sedutora e burlesca da canção. Alice estava confortável com a letra em alemão, enquanto May a imitava. Por fim, todo mundo na Pauliceia Desvairada estava emocionado. A plateia então começou a aplaudir, gritar e berrar.

— Uau! Éééé! Mais um, mais um!

As garotas encararam a plateia, extasiadas. Alice ficou vermelha com a reação do público. Ela agradeceu e olhou para a beira do palco. Júlio estava ali, olhando bem nos olhos dela. Alice sentiu a admiração e a animação do namorado, e soprou um beijo para ele antes de se voltar para a plateia. Foi então que todas as Absurdettes correram de volta ao palco para a segunda parte do show. Júlio esperou alguns instantes nas coxias, olhando para Alice e pensando: "Essas garotas são todas ótimas, mas a Alice é mesmo especial."

Nas semanas que se seguiram, eles fizeram o mesmo show todas as noites. E todas as noites a Pauliceia ficava lotada e todas as noites a plateia ficava louca. Alice perdeu qualquer noção de tempo. Terças eram sábados e noites eram dias. Quando saía de casa para tomar café, o sol se punha. Mas era tudo tão excitante e novo. Novas descobertas todos os dias. Ideias novas todos os dias. Gente nova todos os dias.

— E aí, Skowa! — gritava Júlio para um cara negro alto na padaria do bairro.

Alice perguntava:

— Quem é?

Júlio sempre respondia:

— Ah, um amigão! — E em seguida explicava: — Toca baixo bem pra caramba.

No dia seguinte, de novo.

— E aí, poeta! — gritava Júlio para um sujeito simpático que passava.

E Alice:

— Quem é?

— Ah, um amigão! — E explicava: — Bernardo Vilhena. Ótimo poeta. Do Rio. Ele devia escrever umas músicas para a Gang.

No dia seguinte:

— E aí, Valdir!

— Outro amigão? — perguntava Alice.

— É, muito! Jornalista. Foi me visitar em Nova York.

Todo mundo era superamigo. Todo mundo morava no mesmo bairro. E todo mundo parecia ser poeta, cantor ou artista.

— E aí, Tavinho! — gritou Júlio em outra ocasião, na padaria.

Esse cara Alice conhecia. O poeta doido que abria os shows da Gang. Estava sempre meio dando em cima dela sem nenhum pudor, na frente de Júlio.

— E aí, Júlio. E aí, Alice! — cumprimentou Tavinho.

Eles conversaram um pouco até Júlio sugerir que fossem comer em outro lugar.

— A gente come essa mesma merda na padaria todo dia. Vamos comer de verdade. Alice, o que você quer comer?

Ela ficou quieta. Não sentia nenhuma saudade da comida holandesa, e a chance de encontrar comida holandesa em São Paulo era zero. Do que tinha saudades mesmo era da comida chinesa e do restaurante indonésio de Tilburg.

— Chinês! Vamos comer num restaurante chinês.

Logo, Júlio, Tavinho e Alice entraram no Genghis Khan, um dos restaurantes mais caros e chiques de São Paulo. No caminho, cheiraram e beberam uns shots de Jack Daniel's com vontade, mas ao entrar no restaurante Júlio foi firme ao falar com o garçom, que parecia desconfiado:

— Mesa para três, por favor.

— Você fez reserva? — perguntou o homem.

— Sim — respondeu ele.

— Em nome de quem?

Júlio ignorou a pergunta e disse:

— Sou jornalista da revista *Música do Planeta Terra*. Preciso fazer uma entrevista aqui.

— Com quem? — perguntou o homem, ainda mais desconfiado.

Júlio olhou para o lado.

— Com eles — respondeu, apontando para Tavinho e Alice.

— E quem são *eles*?

— Você não os reconhece? — perguntou Júlio. — Teddy Paes, o famoso estilista! E a supermodelo internacional... Alice Vermooolen.

Teddy Paes era um estilista bem-sucedido da classe alta paulistana na década de 1980. Era preciso muita imaginação para acreditar que Tavinho, de barba por fazer e cheirando a cigarro e bebida, fosse Teddy Paes. Talvez a aparência europeia de Alice e sua beleza natural tenham convencido o garçom, pois, para surpresa de todos, o homem aceitou a conversa fiada e os levou a uma ótima mesa do restaurante. Ali, decidiram pedir pelo menos os dez pratos mais caros do cardápio e, entre cada prato, vários copos de saquê. Eles brincavam, riam e falavam alto demais. A cada dez minutos, Júlio berrava "Saquê!" e Tavinho e Alice riam. Em certo momento, outros clientes começaram a reclamar. O garçom pedia a eles falassem mais baixo e seguia desconfiado.

— Sr. Paes — pediu para Tavinho. — Tem um cartão para nos mostrar?

Por um segundo, eles pareceram chocados. Alice não fazia ideia do que o garçom tinha perguntado, então ficou quieta. Dessa vez foi Tavinho quem agiu rapidamente e com firmeza. Tirou a carteira do bolso e entregou ao garçom um cartão de membro do Noites Cariocas. O nome: T. Paes.

De novo, surpreendentemente, o homem aceitou a mentira e os três continuaram a comer, beber e rir. Quando estavam completamente satisfeitos e bêbados de cair, Júlio mandou o garçom enviar a conta para o escritório de Teddy. Saíram do Genghis Khan e ainda viram um motorista partindo para levar a conta do restaurante ao estúdio do estilista. Eles se despediram alegremente, deram meia-volta e sumiram na cidade.

Enquanto isso, Nelson trabalhava para promover "Perdidos na selva" em escala nacional. Inscreveu a música no MPB Shell 1981, um festival anual de música popular realizado pela TV

Globo. Esses festivais tinham feito muito sucesso no final da década de 1960, ainda na TV Record, mas perderam popularidade ao longo dos anos. Entretanto, no começo da década de 1980, a Globo apostou mais uma vez nos festivais com músicos jovens e eletrizantes. O primeiro festival com a nova cara tinha acontecido em 1980 e já mostrava gente nova como Joyce, Leci Brandão, Amelinha, Zé Ramalho e Eduardo Dussek. A edição de 1981 prometia ser ainda mais emocionante, com artistas como Walter Franco, Boca Livre, Sandra Sá e até a atriz Beth Goulart na programação. Arrigo Barnabé, um frequentador regular da Pauliceia Desvairada, também contribuía como compositor, com a música "Londrina", cantada por Tetê Espíndola. Até Nelson Motta participou. Inscrevendo a música "John", cantada por Olivia Byington, escrita em homenagem a John Lennon. Guilherme Arantes também se inscreveu com uma outra música, mas o festival permitia apenas uma canção por compositor. Foi assim que preferiu abrir mão de sua autoria em "Perdidos na selva", para poder concorrer no mesmo festival com sua balada dramática "Planeta água". Todos entrariam em uma das rodadas preliminares, antes de um júri decidir se a música era boa o suficiente para continuar até a final, em que as vinte melhores canções disputavam o prêmio principal.

Nelson via potencial de verdade na Gang e estava convencido de que "Perdidos na selva" tinha chance de ganhar. Em julho de 1981, colocou a banda num avião em direção ao Rio, para participar da quarta rodada de eliminatórias, no Teatro Fênix, no Jardim Botânico. Alice estava surpresa com as músicas contra as quais competiam. Eram quase todas baladas românticas, o que as fazia parecer irremediavelmente velhas. "Perdidos na selva" era a única canção diferente. Animada, revigorante e completamente nova para a plateia brasileira. Eles fizeram uma bagunça no palco, cantaram, desafinaram, mas a jovem plateia adorou. A apresentação foi contagiante e o júri não poderia fazer diferente, selecionando a Gang para a final em setembro.

A final estava programada para o dia 12 de setembro no ginásio do Maracanãzinho, no Rio. O estádio estava lotado, todos os 13 mil assentos ocupados. A disputa era difícil, com excelentes cantores como Tetê Espíndola, Walter Franco e o amigo Guilherme Arantes. Antes de subirem ao palco, os membros da Gang tomaram drogas e bebidas suficientes para acalmar os nervos. Júlio, Alice e May decidiram usar roupas coloridas para criar um maior impacto no público da TV. Júlio e May usavam camisas cor-de-rosa e Alice uma blusa preta coberta com uma luxuosa echarpe cor-de-rosa. Já tinham tocado "Perdidos na selva" dezenas de vezes, mas tocar ao vivo em uma competição com milhões de pessoas vendo pela TV era diferente. Tentavam esconder o nervosismo pulando, dançando e festejando pelo palco. A plateia, lotada de jovens, não chegou a perceber quão nervosa estava a Gang, apenas gritava enlouquecidamente ao fim da apresentação, aplaudindo sem parar, em delírio.

Alice estava convencida de que eles ganhariam, mas a decisão do júri se revelou caótica, levando a plateia a vaiar com vontade. Alice não entendia nada.

— O que aconteceu? — perguntava para os outros. — Expliquem! O que houve? Não ganhamos?

— A plateia queria alguém novo... Guilherme, talvez a gente, quem sabe. Mas o júri escolheu a Lucinha Lins — disse Júlio, visivelmente decepcionado.

— Quem? — perguntou ela.

— Lucinha Lins, a loira chata — respondeu Júlio.

— Sério? Não acredito.

A plateia queria mesmo era que "Planeta água", de Guilherme Arantes, ganhasse, mas o júri escolheu "Purpurina", de Lucinha Lins. Guilherme acabou em segundo lugar. Quando Lucinha subiu ao palco para apresentar a música vencedora uma última vez, a plateia vaiou durante os três minutos inteiros. Coitada. A maioria dos membros da Gang deu de ombros. "Ah, tudo bem. A gente se divertiu. Parabéns. Na próxima, quem sabe." Mas Júlio estava de fato arrasado. Um jeito rápido de fazer da Gang um sucesso havia fracassado.

Depois do resultado decepcionante no festival, a Gang ficou no Rio por mais alguns dias. No ritual habitual de beber e festejar, começaram a ser cada vez mais frequentemente reconhecidos. Certa noite, Júlio encontrou um velho amigo chamado Herman Torres. Herman era de Maceió, mas estava morando no Rio na época. Júlio o conhecia do Posto 9, de 1978, e compartilhava com ele o mesmo amor pela música, a bebida e as mulheres, mas tinham perdido contato nos últimos tempos.

— Oi, Júlio! — cumprimentou Herman, entusiasmado, quando se encontraram. — Vi vocês no Festival MPB Shell! Bom demais! É exatamente o que quero fazer!

— Ótimo. Maneiro, cara. Você ainda toca guitarra?

Júlio se lembrava de Herman como um bom guitarrista.

— Toco, acabei de lançar meu álbum.

— Por que não entra na banda? Vamos voltar pra São Paulo amanhã, vem com a gente!

Como com qualquer outra pessoa interessante que Júlio esbarrava na rua, ele convidou Herman para se juntar à Gang. O convite deixou o guitarrista surpreso. Ele estava em um relacionamento estável, concentrado em sua carreira solo e trabalhando no material para um segundo álbum. Não podia simplesmente largar tudo e ir para São Paulo, certo? Mas o que tinha visto e ouvido no festival era tão inovador e empolgante que ele não resistiu. Se era para mudar de vida, a hora era aquela.

— Uau! Claro! Tô dentro! Amanhã volto com vocês para São Paulo.

Na mesma noite, Herman terminou com a namorada, fez as malas e entrou para a Gang 90.

A grande mídia também notara o magnetismo da banda. A Gang 90 era diferente, divertida, e sua música era contagiante. Eles atraíam uma galera nova, uma gente jovem, além de adolescentes. Os músicos da velha guarda não conseguiam mais se conectar com esses jovens, a Gang conseguia. A Warner estava feliz com o sucesso no festival e decidiu gravar um videoclipe de "Perdidos na selva". O vídeo mostra o grupo em um avião caindo na selva, que nesse caso era o Jardim Botânico do Rio de Janeiro, e sobrevivendo! Nessa selva, a Gang é perseguida por uma variedade de animais estranhos antes de, de repente, ir parar em São Paulo, andando pelo Minhocão deserto. As gravações foram uma grande farra, e rapidamente a Gang ganhou mais popularidade. Convites para apresentações continuaram aparecendo.

De volta à casa de Denise em São Paulo, a banda se reuniu para analisar uma pilha de convites. Nelson começou a ler um a um em voz alta.

— Uma moça chamada Linda Conde quer a Gang na festa de aniversário dela, numa casa nos Jardins — leu Nelson.

A banda toda riu.

— Claro, vamos nessa!

Nelson continuou:

— Festa de ano-novo no Iate Clube de Santa Catarina.
— Onde? — perguntou Alice.

Ela já tinha aprendido algum português e entendia mais ou menos o que se dizia. No entanto, geografia não era seu forte. Nelson ignorou a pergunta e continuou a lista.

— A RCA Records quer contratar a Gang para fazer um disco inteiro. Bem boa a proposta. Pagam hotel e comida durante as gravações, além de uma boa grana. Mas isso significa largar a Warner. Pensem nisso.

Ele deixou a carta de lado e continuou:

— E essa daqui. Dessa você vai gostar, Júlio! Sábado no *Cassino do Chacrinha*!

— Quêêêêêêêê!!!!

A Gang toda enlouqueceu, rindo e gritando, exceto por Alice. Ela não fazia ideia do que era o *Cassino do Chacrinha*. E Júlio explicou:

— *Chacrinha* é a melhor coisa da TV brasileira. Ele é ao mesmo tempo de vanguarda e popular. Você vai amar!

Nelson continuou, dessa vez o convite era apenas para Alice. E ele passou o papel para Júlio, que botou os óculos e leu em silêncio.

— Uau! Que incrível! — falou. — Alice, você precisa topar.
— O que é? — perguntou a banda.

Júlio virou o papel para os demais.

— Um convite para a Alice posar na *Playboy*.

Com esse, a Gang enlouqueceu de vez. Alice não resistiu e riu também. Mais um estágio na montanha-russa de nome *morar no Brasil*. Mas *Playboy*? Seu corpo nu, para todos os brasileiros verem?

Quando voltou para casa, à noite, Alice não sabia o que pensar sobre o convite da revista. Decidiu encontrar Rosana no dia seguinte para se aconselhar. Rosana respondeu entusiasmada, como todo mundo.

— Incrível! Você devia topar!

— Mas vou estar completamente pelada! Você não acha meio... esquisito? — perguntou, ainda na dúvida.

— Nada. Tenho certeza de que a *Playboy* tem ótimos fotógrafos profissionais. Vão te deixar ainda mais linda do que você já é — brincou Rosana.

— Foi exatamente o que Júlio disse — disse ela, resignada.

Alice olhou para a amiga e começou a sorrir. Esses meses brasileiros tinham sido de muita loucura, mas essa era a maior delas. A coisa mais doida de todas. Rosana a abraçou e elas começaram a rir juntas. Alice se afastou a fim de olhar para a amiga.

— Tá. Vocês estão certos. Vamos nessa, vai ser divertido. Mas você vai comigo na sessão de fotos, né?

Rosana concordou, mas no dia da sessão precisou trabalhar, e sua irmã mais nova, Luciana, foi em seu lugar para ajudar. A adorável garota de 14 anos era a companhia ideal para Alice, traduzindo os pedidos do fotógrafo, deixando-a mais confortável. Toda a sessão foi fácil, e até normal, como se Alice fizesse fotos nua todos os dias. O resultado foi uma matéria de seis páginas escrita por Monica Figueiredo, com dez fotos de foco doce do corpo nu de Alice, coberto somente pela echarpe cor-de-rosa translúcida que ela havia usado no festival. Foi publicado um mês depois, com a manchete "Alice Pink Pank: A cantora que sacudiu o Maracanãzinho no MPB Shell", o que encheu Júlio de orgulho.

— Uau! Olha essa belezura. Lin-da! E a gente ainda ganhou uma grana. Vamos comemorar, galera! — Então começou a cantar: — Hoje é festa na floresta! Hoje é festa na floresta!

Alice também estava orgulhosa, mas decidiu não promover a revista ativamente. Sentia-se um pouco constrangida, especialmente depois que soube que o pai de Rosana tinha comprado um exemplar para mostrar aos amigos.

— Essa garota é a melhor amiga da minha filha!

Era a primeira vez que Alice começava a ter saudades da Holanda. Sentia falta das irmãs, dos irmãos e da mãe. Tinha saudade dos amigos. Claro, escrevia cartas, mas isso era muito diferente de tomar uma cerveja no bar da esquina e conversar sobre a maluquice que era posar para a *Playboy*. Quando pensava na família, imaginava que provavelmente não acreditariam em tudo que estava acontecendo com ela naquele momento. Talvez as irmãs sentissem ciúmes, mas os irmãos e os pais simplesmente não entenderiam a vida que levava. E, mesmo Alice, quando parava para pensar, também não acreditava! Ao chegar a São Paulo, tinha imaginado que trabalharia numa fábrica. Jamais cogitara fazer fotos para a *Playboy* e aparecer na TV em rede nacional. Mas o tempo para refletir era escasso. Havia sempre mais um show, mais um ensaio, mais uma festa. A vida ali não parava. Agora que a banda estava ficando empolgada com o programa do Chacrinha, o programa mais popular da TV brasileira, o ritmo só acelerava.

— Que tipo de programa é esse? — perguntava Alice.

— É uma loucura! — respondeu May. — É apresentado por um palhaço coroa que interrompe as apresentações musicais tocando uma buzina e joga bacalhau na plateia.

— O quê? — perguntou Alice, surpresa.

— É isso mesmo!

Que país era esse em que Alice havia ido parar?

A intensa quantidade de shows continuou até o fim do ano. Primeiro, o *Chacrinha*, no Rio, depois, de volta a São Paulo, a banda fez 15 shows seguidos no Lira Paulistana. E mais um show no Sesc Pompeia, seguido de uma apresentação num lugar novo chamado Victoria Pub, para acabar o ano no sul do Brasil, em Florianópolis. A banda estava mesmo crescendo, tanto em qualidade como em quantidade de trabalho.

Após um show no Lira Paulistana, Júlio esbarrou com Miguel Barella e eles começaram a conversar.

— Também tenho uma banda, se chama Agentss — contou Miguel.

— Ouvi o álbum de vocês na casa do Nelson Motta e achei uma loucura! Tão bom! Por que não vem na nossa casa amanhã? Traz a guitarra, vamos tocar juntos, e você faz o próximo show com a gente.

E assim fez Miguel. Mas se surpreendeu ao encontrar Júlio sozinho, na chegada, sem a banda. Ele estava ouvindo música quando Miguel entrou.

— Escuta só. São os Lounge Lizards, com um cara chamado Arto Lindsay, um americano que cresceu no Brasil. Conheci o cara em Nova York. Sujeito bacana. Gosto muito do jeito que eles misturam jazz e new wave.

Ficaram ouvindo música e conversando por horas até as garotas e os outros músicos começarem a chegar. Tempos depois, o ensaio finalmente começou.

— Mas o que a gente toca? — perguntou Miguel. — Quais são os acordes?

— Não tem acorde. Mas não se preocupa! É só tocar atrás da gente!

E assim Miguel se juntou à banda.

A Gang convidava novos integrantes para instrumentos diferentes, ou para substituir músicos anteriores. O primeiro baixista da banda, Lee Marcucci, e o primeiro guitarrista, Wander Taffo, tinham saído do grupo para começar sua própria banda, a Rádio Táxi. Nos shows do Lira Paulistana, Lee fora substituído por Rubão Sabino, que normalmente tocava na banda de Gilberto Gil e largou a Gang assim que descobriu que Gil pagava muito melhor. Ele então foi substituído pela baixista Claudia Niemeyer, que Júlio tinha visto tocar na banda de Rita Lee.

— Você toca muito bem! — dissera depois de um show. — Por que não entra na nossa banda? Vem ensaiar com a gente na próxima semana.

Claudia concordou e voou do Rio para conhecer a banda, mas, ao chegar à casa, não encontrou ninguém. A faxineira a deixou entrar e ela esperou o dia inteiro. Dormiu no sofá e no dia seguinte ainda não havia ninguém. Saiu para tomar café, voltou e esperou mais um dia inteiro. Ninguém. Nada. Finalmente, tarde da noite, alguns membros da banda chegaram. Quase ninguém pareceu notar a presença de Claudia no sofá, muito menos Júlio, que já parecia ter esquecido que a convidara. Só Alice se apresentou direito antes de saírem para jantar. Claudia sentiu-se desconfortável a noite inteira, e, quando o ensaio do dia seguinte acabou se revelando um completo caos, decidiu abandonar a banda ali mesmo. Mas ninguém pareceu se importar — ou notar.

Guilherme Arantes também abandonou a banda. Sua carreira solo ia de vento em popa e ele não tinha mais tempo. A namorada, Luiza Maria, decidiu acompanhá-lo e também saiu da Gang, reduzindo as quatro Absurdettes a três. Herman Torres, entretanto, era agora um integrante oficial, enquanto Gigante alternava entre tocar nos shows da Gang e nos de Itamar Assumpção. Ele era substituído com frequência na Gang 90 por Victor Leite ou Áureo de Souza.

Para a apresentação no *Chacrinha*, essas mudanças não importavam. Era tudo playback. Só diversão, sem a tensão da competição do Festival MPB Shell, mas com um público de adolescentes ensandecidos berrando sem parar. Júlio estava vestido todo de branco. Usava óculos escuros e dançava quase mais na plateia do que no palco. Alice também sentia-se cada vez mais à vontade no palco. Ela finalmente abandonava a posição de backing vocal para se juntar a Júlio em duetos no estilo Sonny e Cher. E o Velho Guerreiro nem os interrompeu tanto assim! Só no final da canção começou a tocar uma enorme buzina. Do Teatro Fênix, saíram para festas no Rio e voltaram para São Paulo no dia seguinte com uma enorme ressaca.

Em São Paulo, os shows programados no Lira Paulistana iam começar e eles precisavam ensaiar. Quinze shows eram um grande desafio, mesmo com toda a energia da Gang. Eles tinham inventado umas novidades que precisavam de mais acessórios. Para "Telefone", canção que tinham acabado de compor, espalhavam vários telefones pelo palco, e as garotas fingiam atender a ligações enquanto cantavam o refrão. Outra música começava com todos lendo jornais completamente em branco e outra com Alice e May East deitadas em cima de um piano. O estilo teatral funcionava bem. Todas as noites a casa ficava lotada, mesmo nas segundas e terças. Nas noites de sexta e sábado eles precisavam fazer dois shows seguidos. O palco da Lira era pequeno e a plateia ficava quase em volta dos músicos. Os shows eram caóticos, com péssimos vocais e os músicos atravessando a melodia. Alguns integrantes da banda chegavam a desmaiar no meio do show por conta do excesso de álcool.

Alice tinha decidido se apresentar de sapatilha de bailarina, para sentir os pés mais leves. No entanto, no final dos shows, sentia seu corpo protestar contra a escolha. Ela era naturalmente magra, mas estava perdendo mais peso a cada dia. Nunca comia direito, apenas bebia bastante e usava muitas drogas. Além disso, desenvolveu uma séria falta de horas de sono e de luz do dia. "Quando voltar para a Holanda, poderei dormir quanto quiser", pensava sempre. Ela tinha prometido aos pais que voltaria para o Natal, o ano-novo e seu aniversário, em 6 de janeiro. Isto é... se sobrevivesse até lá. Por ora, a energia e as risadas da banda a mantinham funcionando, mas ela duvidava que isso duraria muito tempo.

Depois do imenso desgaste da Lira, a Gang 90 se apresentou no Sesc Pompeia. May estava especialmente bêbada, entrando no palco com uma garrafa enorme de champanhe que entornava sozinha. Ela tomava goles generosos e implicava com Herman, pisando em todos os pedais de efeito que ele tinha alinhado cuidadosamente. Até que cambaleou na direção de Miguel e despejou o resto do champanhe na cabeça dele. Miguel ficou tão furioso que abandonou o palco na mesma hora e prometeu nunca mais voltar a tocar com a Gang.

Alice ainda tinha mais um show a fazer antes de voltar para casa na Holanda: no Victoria Pub, uma nova danceteria na alameda Lorena, em pleno bairro chique dos Jardins. Era um lugar rock'n'roll e sempre havia longas filas de adolescentes. A noite começou com o show de uma nova banda de rock, o Ira!, depois da qual a Gang se apresentou. A formação nesse show era mais uma vez diferente, tinha um novo baixista negro, o simpático Skowa Santos, de quem Alice se lembrava da padaria. Também tinham uma nova pianista, Sandra Coutinho, que tocava na banda As Mercenárias. Por fim, Júlio tinha convidado Billy Forghieri para o sintetizador, ficando responsável por acrescentar efeitos especiais à apresentação.

No Victoria Pub, eles deram tudo de si. Dessa vez, o show foi em parte bem organizado e ensaiado. Fizeram mesmo uma boa apresentação. Pela primeira vez, Alice sentiu que estava em uma banda boa de verdade. Que estavam mais do que apenas se divertindo, que tinham de fato qualidade. Haviam encontrado uma fórmula própria e continuavam a melhorar. E ela estava muito feliz de estar no palco com Júlio. Seu homem! Ficava triste ao pensar que não estaria ali para os últimos shows do ano. Sentia que estava abandonando sua nova família.

No dia em que viajou, Júlio a acompanhou no táxi até o aeroporto. Ele foi gentil, prometendo mandar uma passagem para ela voltar ao Brasil no começo de janeiro.

— Só tenho que falar com o Nelson, mas a gente precisa de você nos shows do ano que vem. E eu te quero de volta! Não consigo ficar sem você, Alice.

Alice olhou para ele profundamente apaixonada. Ela o adorava, sentia-se inspirada por ele e o admirava. Claro, ele bebia e cheirava demais, mas ela também.

— Só manda a passagem logo, tá? Mal posso esperar pra voltar. — E acrescentou, depois de um breve silêncio: — E me liga... POR FAVOR! Liga pra falar dos shows. Do ano-novo. De Florianópolis. Dos ensaios. Das garotas. Da música nova.

Mais um segundo de silêncio.

— Liga para falar de você — sorriu. — Faz isso por mim?

Eles se beijaram, Alice com os olhos cheios d'água. Por fim, ela se virou, decidida, e seguiu para a área de embarque sem olhar para trás. Entrou no avião para Nova York, pegou no sono e só acordou no JFK na hora de fazer a conexão para a Holanda. Dessa vez, ficou no aeroporto, passeou por ali. Então entrou no avião para Amsterdã e pegou no sono de novo. Só acordou quando estavam descendo na pista Schiphol. Esfregou os olhos ainda cheios de sono para olhar pela janelinha do avião. Uma paisagem nevada completamente branca se abria diante dela. Parecia pacífica e calma. Por um momento não conseguiu acreditar que esse mundo podia existir em paralelo ao mundo em que vivia em São Paulo. Mas quando as rodas do avião tocaram o solo, ela soube que era real.

O inverno holandês foi particularmente frio naquele ano. Nevou no Natal, o que era raro, e a temperatura no ano-novo chegou a –10°C. Alice estava feliz por rever a família e os amigos, mas a vida tinha um ritmo completamente diferente em Tilburg. A montanha-russa tinha parado de repente, fazendo ela seguir em marcha lenta. Claro, os amigos e a família estavam curiosos sobre sua nova vida paulista, e Alice explicava tudo da melhor maneira possível, mas, a julgar pelos olhares com que era recebida, podia ver que eles não entendiam nada.

— Se chama new wave.

— New o quê?

Ela falou de São Paulo, de como era grande; dos programas de TV e de como eram doidos; das casas de shows e de como ficavam lotadas. Alice via a família e os amigos sorrindo, mas percebia que eles não faziam ideia do que ela estava dizendo. Decidiu não falar das fotos para a *Playboy* porque ficava constrangida demais, especialmente no que dizia respeito à mãe, que se mostrou preocupada com a perda de peso de Alice e desconfiada de seu amor pelo álcool e as drogas. Ela esperava que os últimos nove meses da vida da filha fossem apenas uma aventura e que ela ficasse na Holanda de vez para continuar os estudos, mas Alice não pensava em ficar nem por um segundo. A vida ali era tediosa. Ela queria voltar para a sua aventura, e mal podia esperar que Júlio ligasse com notícias da passagem. Queria voltar para sua *Gang*. Queria sentir a adrenalina de subir no palco. Queria saber notícias da banda. Também mal podia esperar para ouvir a voz de Júlio de novo, mas ele ficou em silêncio por tempo demais. Nada de telefonemas de São Paulo. Ela se perguntava se devia ligar. Sabia que a conta de telefone viria muito alta e os pais ficariam furiosos, mas em certo momento não aguentou mais e começou a ligar para todos os números que tinha. Júlio não atendeu em casa, então ela tentou na casa de Denise e Okky. Depois de vários toques, alguém atendeu. Era Okky. Ele parecia completamente chapado, e Alice não sabia se daria o recado a Júlio.

— Okky. OKKY! Quando estiver com Júlio, diga para ele me ligar, tá?

Do outro lado da linha, alguns resmungos antes de desligar.

Na noite seguinte, os Vermeulen estavam no sétimo sono quando o telefone tocou no meio da noite. Eram três da manhã, e Frank, irmão de Alice, foi o primeiro a acordar com o barulho. Desceu para atender, irritado. Alice também acordou, pulou da cama e seguiu o irmão. Lá embaixo, Frank atendia ao telefone num holandês raivoso:

— Alô, sim, mas quem quer falar a essa hora da madrugada?

Alice foi até o irmão na ponta dos pés.

— Ei, me dá esse telefone e volta pra cama.

— Meu amor. — Alice sabia que era Júlio.

— Oi, amor — respondeu ele, com a voz profunda. — Como vai?

— Beeeem. Beeeeem — sussurrou Alice, animada. — Que bom ouvir a sua voz!

Ela não queria acordar a família, mas queria gritar de alegria.

— Que bom saber disso. Uau, que bagunça aqui... mas tudo bem. Nossa, tivemos umas noites doidas.

Como sempre, Júlio começou no meio da história, sem introdução.

— Conta! Conta!

— Ah, Floripa. Uma bagunça. O lugar e as pessoas eram horríveis. Um iate clube chique burguês. Nada a ver com o estilo da Gang.

— Ah, que merda. E aí?

— Ah, a gente chegou e viu que o equipamento era uma merda. De péssima qualidade. E Miguel disse: "Isso vai ser um problema." O equipamento era tão ruim que depois da primeira música começou a se desintegrar. Fomos embora depois de três músicas. A plateia ficou doida de raiva.

Alice sorriu ouvindo a história.

— Que loucura!

— A gente também deu entrevista pra um canal de TV local — continuou Júlio. — Deu tudo errado. O entrevistador fez perguntas muito idiotas. E claro que a gente tava doidão demais pra responder direito.

Como ela sentia saudade daquela voz. Não importava o que ele dizia, desde que dissesse alguma coisa.

— No dia seguinte fizemos um show no principal teatro da cidade. Foram dois shows. Não, três. Ou... bem, nem sei mais. Caos total também. Mas divertido.

— Quem estava lá? — sussurrou Alice.

— Alice. Eu quase não te escuto. Você está falando tão baixo. Fala mais alto. Não quero nem saber quem você for acordar aí — desafiou Júlio.

Ela riu e falou, então, um pouco mais alto.

— Quem estava lá?

— Miguel na guitarra, Billy no teclado. E as garotas, claro.

— Gigante na bateria?

— Não, ele não pôde ir. Foi substituído por um cara chamado Lobão. Você conhece ele, né? Acho que vocês já se viram. Um doidão.

— Acho que não conheço. Mas parece ótimo. Queria tanto ter estado aí. Aqui é tão chato.

Alice queria contar sobre sua vida na Holanda, mas Júlio a interrompeu:

— Amor, tenho uma notícia. Olha, comprei uma passagem pra você, de Amsterdã pra Nova York, pro final do mês. A gente fica uns meses por lá, faz uns shows, umas festas e volta pra São Paulo pra gravar o álbum. Que tal?

Alice ficou muda. Ali estava ela, de pijama em uma casa completamente fria e escura, em uma rua completamente escura, em uma cidade completamente escura. Sem dúvida, era a garota acordada mais feliz na cidade.

— Ah, isso soa como música nos meus ouvidos. Transcendente. Ah, meu amor — disse ela.

Júlio deu um gole em seu Jack Daniel's e sorriu.

— A distância não é um problema, Alice. Logo vou te ver de novo. Logo vamos flutuar de Nova York pra São Paulo, pelo mar caribenho. Nossa onda de amor não há quem corte, garota.

A mais feliz das garotas acordadas abriu o maior sorriso de

sua vida. Eles conversaram mais um pouco, mas ela mal registrava o que Júlio dizia. Depois de vinte minutos, finalmente desligou, rindo sozinha. Foi então para o quarto, mas não conseguiu dormir de tanta adrenalina. Ficou meia hora revirando na cama e decidiu se levantar para escrever uma carta a Rosana, contando tudo o que sentia. Acabou a carta totalmente empolgada:

Nas últimas duas semanas em São Paulo eu trabalhei que nem doida. Fizemos nossos primeiros shows no Lira Paulistana. Todos os dias! E dois seguidos nas noites de sexta e sábado! Trabalhei e bebi tanto e comi tão pouco que perdi uns quatro quilos. No final já não conseguia fazer mais nem um show. Precisei tomar injeções de vitamina B e recebi ordens de não fazer nada além de descansar e comer. Ainda assim, acabei perdendo apenas dois shows... então não foi tão ruim. E logo estarei em Nova York, com meu namorado! Mal posso esperar! Mas o mais importante é que ainda estou viva...

Muitos beijos, querida Rosana

Tudo being or whatever xxx

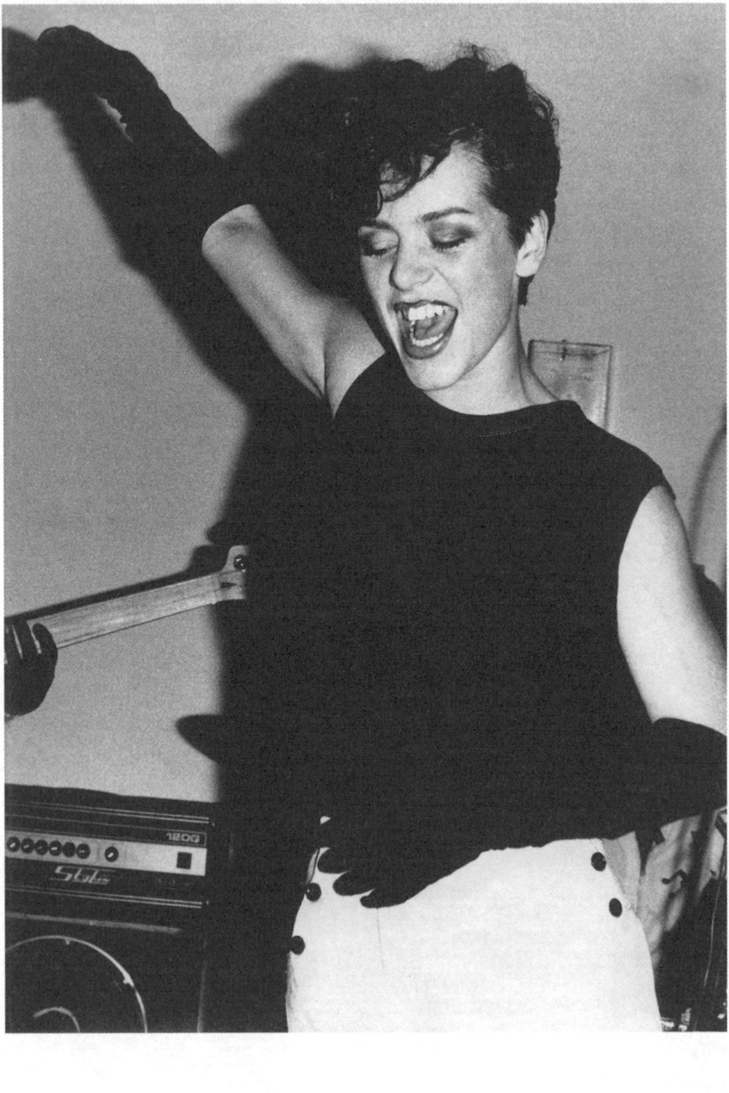
1200

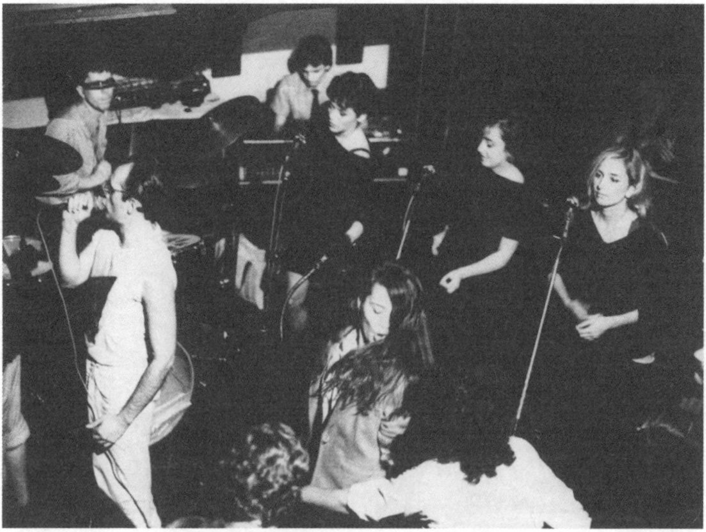

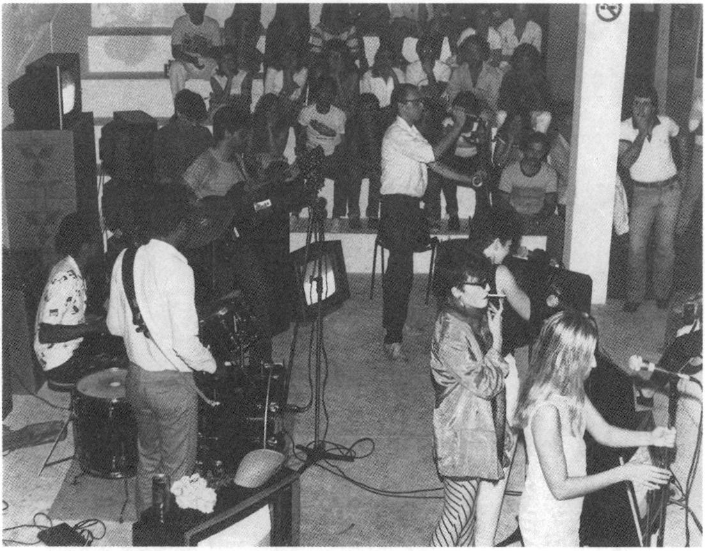

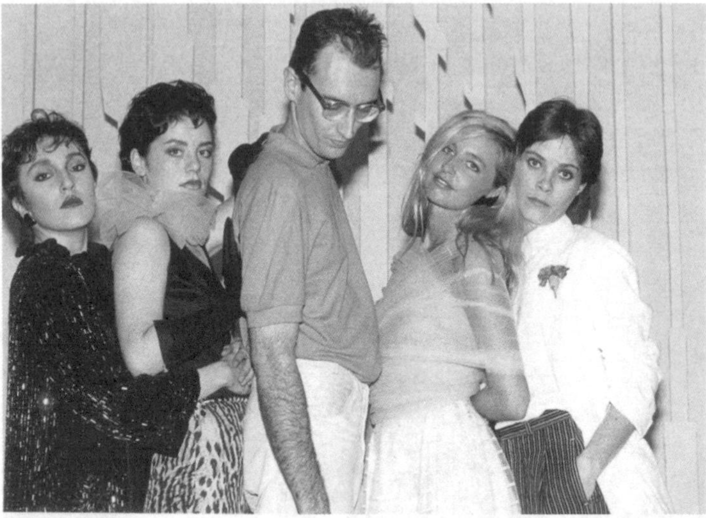

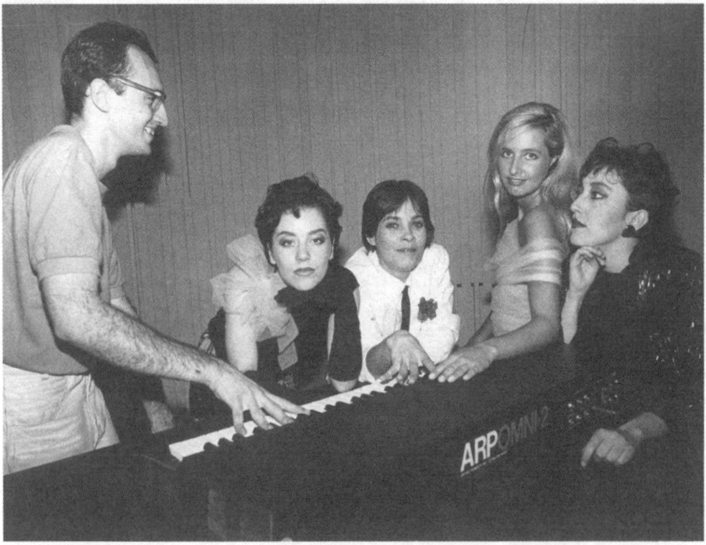
ARP OMNI-2

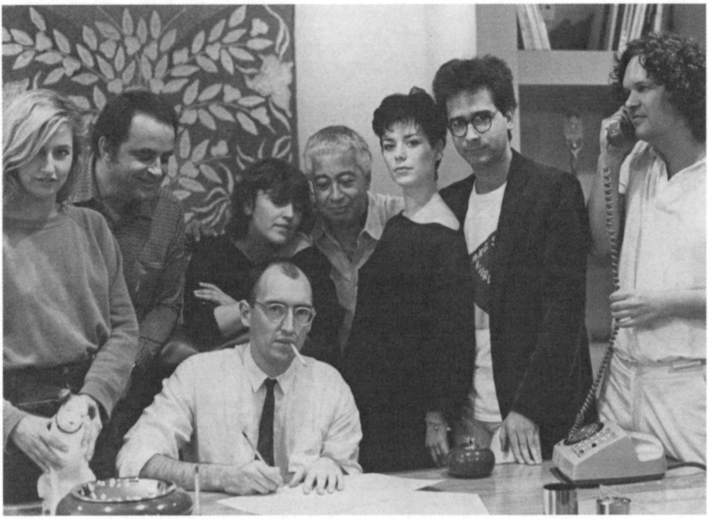

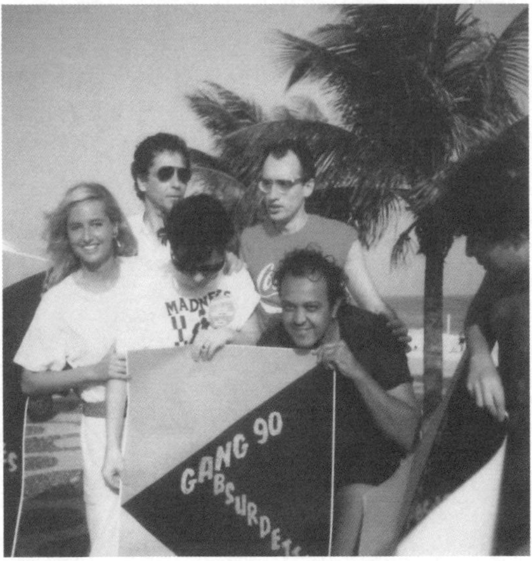
GANG 90

7. Eu sei, mas eu não sei
(Frank Infante/Júlio Barroso)

Eu sei, mas eu não sei
Eu sei, mas eu não sei
Eu sei, mas eu não sei
Eu sei, mas eu não sei

Eu quero e eu consigo
Eu perco, mas eu não ligo
I'm your dog, but not your pet
Quero e sou absurdette!

Eu sei, mas não me importo
Sua onda eu nunca corto
Não seguro, mas eu me solto
Eu fujo, mas sempre volto

Eu posso, mas não quero
Você pode, mas não comigo
Você quer fazer mistério
Acontece que eu não levo a sério

Viva a santa modernidade
Não me importo com a sua idade

Essas coisas eu não vejo
Mas satisfaço o seu desejo
Posso ser o seu brinquedo
Mas aprendo o seu segredo
Esta estória eu mesmo invento
Seu coração quem arrebenta
É esta tal de Gang 90

Nova York em 1982 era uma cidade sem limites. Tudo era possível, ou melhor, tudo era provável. Júlio e Alice viviam em uma espécie de residência nômade criativa, ficando em casas de diferentes amigos a cada semana, pelo East Village. Iam a galerias ou danceterias todas as noites. A todo lugar que iam, sentiam que havia um frescor, tudo era novo e superbacana. Numa noite visitavam a casa de Gracie Mansion, uma mulher que abrira uma galeria de arte no próprio banheiro, The Loo Division; em outras, assistiam a shows de música eletrônica experimental ou batalhas de hip-hop nas ruas do próprio bairro. A cidade era uma confusão, mas todos aqueles jovens de 20 ou 30 e poucos anos vivendo em prédios ferrados eram uma enorme família. Ninguém tinha dinheiro e todo mundo odiava Ronald Reagan. Júlio e Alice se sentiam em casa.

Durante o dia, Júlio tentava produzir gigs como DJ ou performances de poesia para se apresentar. Enquanto isso, Alice trabalhava em um ateliê de camisetas onde nova-iorquinos sem dinheiro criavam as próprias estampas com técnicas de *silk--screen*. Mas um dia ela largou o trabalho.

— Você não gostava? — perguntou Júlio, quando ela voltou.

— Gostava! Esses nova-iorquinos doidos, reclamando, brincando. Era divertido! Mas acho que posso fazer melhor sozinha e ganhar uma boa grana!

No dia seguinte, começou a criar suas próprias estampas. Desenhos de tigres, pernas com meias arrastão ou o horizonte de Nova York. Ela acrescentava tons de rosa e roxo e pronto! Eram as camisetas desenhadas por Alice Pink Pank, que ela começou a vender em várias lojas do bairro.

Passeando na rua com Júlio certo dia, um pôster chamou a atenção de Alice.

— Olha! O U2!
— Ah, seus amigos, né?
— É! Que legal! Vamos encontrá-los, vamos ver esse show! É no Ritz, a sua casa noturna preferida!
— Legal! — respondeu Júlio.

Eles andaram até a cabine telefônica mais próxima, e Alice começou a discar os números de telefone que tinha na agenda. Logo descobriu que o U2 estava hospedado no Mayflower Hotel e teve a ligação transferida para o quarto deles. Adam atendeu.

— Oi, Alice! Que bom te ouvir!

Ela explicou que estava na cidade e perguntou se eles queriam encontrá-la.

— Claro! Vem almoçar com a gente hoje. Encontra a gente na recepção do hotel.

Assim, Alice e Júlio encontraram a banda para um longo almoço.

— Uau! Olha só, Alice! — comentaram os garotos da banda.
— Você está tão madura! Tem certeza de que é a mesma Alice? — brincaram.
— Claro que sou a mesma Alice — respondeu ela, sorrindo e dando uma pirueta.

Riram e comeram pelo resto da tarde. Júlio rapidamente ficou amigo dos integrantes da banda, contando as histórias mais malucas. Em certo momento, Paul Getty, neto do magnata do petróleo americano e fã do grupo desde o começo, se juntou a eles. À noite, foram com a banda ao show no Ritz, que estava lotado.

O ânimo de Júlio para se apresentar também cresceu depois de ver o show. Ele conseguiu convencer o dono do Mudd Club, sua casa noturna preferida em Nova York, a deixá-lo programar uma noite. Seria uma noite brasileira, no começo de abril, para anunciar a primavera nova-iorquina a todos aqueles acordando do sono do inverno. Mas abril acabou sendo um mês inesperadamente frio. Uma rara nevasca primaveril jogou quase 30 centímetros de neve na cidade. Isso, porém, não podia estragar a diversão. Júlio tinha convidado todos os artistas brasileiros que moravam em Nova York para colaborar com uma festa que ele chamou de "Batucada Night".

Primeiro, convidou a videoartista Sonia Miranda, que conhecia do Rio de Janeiro. Ela exibiu três filmes experimentais, começando com *Candomblé*, que mostrava um intenso ritual religioso. O seguinte era *Kleemania*, que mostrava um happening organizado por Hélio Oiticica como tributo ao artista Paul Klee. O filme mostra Oiticica em um campo aberto, depositando uma moldura de madeira no chão, enchendo-a com terra e tirando a terra em seguida. Finalmente, Sonia mostrou *Warming-up*, um vídeo gravado na escola de samba da Mangueira, onde Oiticica vestia Lilico da Mangueira com um véu transparente que chamou de "A tua na minha, um poema bólide". O vídeo acabava com as imagens dos pés de Lilico dançando ao som da escola de samba. Tudo isso se transformava em uma apresentação ao vivo do Pé de Boi, grupo de samba do brasileiro Guilherme

Franco, que morava em Nova York havia algum tempo. O grupo entrou no salão vindo da rua, surpreendendo o jovem público, fã de new wave e punk. Depois, Júlio levou a plateia a um estado de transe espiritual com uma sessão ao vivo de candomblé que consistia de tambores, fumaça e água. A essa altura, todos estavam chocados, mas também entrando já no clima, dançando na percussão espiritual hipnótica. Foi então que Júlio apresentou a banda new wave nova-iorquina Toy Killers, que fez um show completamente imprevisível com tambores e rojões. Para finalizar, tanto Júlio quanto Alice atacaram de DJ, tocando as cantoras brasileiras Zezé Motta, Leci Brandão e Clara Nunes. A festa continuou até de manhã. Júlio e Alice mais que felizes com a noite. Eles tinham deixado sua marca em Nova York, e aqueles que a testemunharam não a esqueceriam tão cedo.

Os dois estavam tristes de abandonar a Big Apple e voltar a São Paulo. Para Júlio, Nova York era como uma segunda casa. Para Alice, era uma cidade que possibilitava novas ideias, nova energia. Ela teria amado ficar mais tempo, mas os shows da Gang 90 estavam sendo agendados no Brasil. E eles tinham trabalho a fazer. Depois do sucesso no Festival MPB Shell, tinham assinado um contrato com a RCA para gravar o primeiro álbum, que deveria ficar pronto em um ano. O prazo estava se aproximando, mas em meados de 1982 eles só tinham três músicas. A primeira, "Perdidos na selva", fora escrita com Guilherme Arantes em 1981. A segunda era "Convite ao prazer", que Júlio começara a escrever em Nova York em 1978 e terminara em São Paulo, em 1980, com os parceiros Lee Marcucci e Wander Taffo. A terceira, "Telefone", Júlio tinha escrito na República Dominicana, mas nunca conseguira transformá-la em uma canção de verdade. Isso era tudo. Três músicas. Um álbum em geral tinha ao menos dez, assim, precisavam de pelo menos mais sete. Claro que Júlio tinha centenas de ideias, rascunhos, partes de letras, fragmentos, frases e versos... mas compor uma canção inteira era outra história, e compor de forma coletiva era ainda mais complicado do que imaginava. No entanto, eles não podiam esperar mais muito tempo para fazer o disco. A hora era *agora*. Por isso Júlio ficou aliviado quando Herman disse que tinha uma música nova.

— Júlio, tenho uma música que queria que você ouvisse. Vamos dar uma volta pela cidade e te mostro no carro — disse Herman.

— Beleza, vamos nessa.

Podia não ter sido escrita coletivamente, mas eles precisavam de mais músicas. Júlio sabia que, na banda, só Herman e Alice tinham aptidão para escrever e compor, então o que custava escutar? Pegaram o carro de Herman e, enquanto dirigia, Herman botou o cassete no toca-fitas. Era uma gravação caseira, apenas guitarra e vocal, que começava assim:

Nosso louco amor,
Está em seu olhar
Quando o adeus vem nos acompanhar

Sem perdão não há
Como aprender e errar
Meu amor,
Vem me abandonar

A música era pop e chiclete.

— Se chama "Nosso louco amor" — disse Herman. — Mas você já deve ter notado.

Júlio não gostou tanto da música, mas decidiu trabalhar mais nela. Se a Gang era mesmo um coletivo, essa era a contribuição de Herman.

— Bom — falou para Herman. — Vamos trabalhar mais com o resto da banda, depois a gente grava.

No dia seguinte, entraram no estúdio. Herman tinha convidado o produtor Luiz Fernando Borges para ajudar a gravar o disco. Borges trabalhava como produtor de Zé Ramalho e Amelinha, ambos nordestinos, como Herman. Júlio também o conhecia do Rio de Janeiro, onde viviam pegando discos emprestados um do outro, e concordou de imediato com a sugestão de Herman de chamá-lo para produzir o álbum. Luiz Fernando era um sujeito agradável, um produtor profissional e tinha uma cabeça criativa. Alguém com criatividade suficiente para apreciar o caos da banda, mas não teimoso demais para insistir nas próprias ideias.

Ao longo dos dias que se seguiram, completaram a letra e criaram a melodia e os arranjos com os músicos. Chamaram Tavinho Fialho para o baixo e Luiz Paulo Simas para os teclados. Gigante voltou para a bateria. Herman cuidou do vocal principal e as Absurdettes fizeram os backing vocals. Luiz Fernando juntou tudo e Herman poliu a música até estarem satisfeitos. Herman também acrescentou um *vocoder* à gravação, algo que tinha ouvido em "O Superman", de Laurie Anderson. Ele gostava de distorcer as vozes com o equipamento, dando-lhes um toque contemporâneo. Terminada a gravação, Luiz Fernando levou-a ao chefe da RCA, Hélcio do Carmo, para uma primeira audição. Ao ouvir, Hélcio ficou quieto. Por fim, se voltou para Luiz Fernando:

— Desculpa, Luiz, mas não dá. A letra é legal e animada, mas a voz do Herman é fraca demais. Dá para resolver?

Luiz Fernando teve que concordar. E levou as Absurdettes de volta ao estúdio, dessa vez para cantar toda a letra por cima da voz original de Herman. Júlio também contribuiu, cantando um único verso do refrão — "a vida sexual dos selvagens" —, então Luiz Fernando mixou a faixa e levou a versão refeita para a RCA. Hélcio do Carmo aprovou:

— Vamos fazer dessa música um sucesso!

Com Herman a bordo, a Gang encontrou sua formação final. Júlio era, obviamente, o líder e o principal vocalista, enquanto Herman era seu apoio na guitarra. As três Absurdettes também se tornavam parte essencial da banda, muito mais do que apenas beldades. Eram backing vocals, tocavam e dançavam, eram ícones de estilo adolescentes de todo o Brasil. Júlio chegava a falar de um movimento, Absurdetismo, para descrever sua importância. O restante dos músicos ainda variava a cada show, dependendo de quem estivesse disponível. Enquanto Júlio convidava gente nova sem parar para o coletivo, Herman trazia o equilíbrio e a estrutura necessários para a banda. Isso ia contra a filosofia e a natureza de Júlio, mas sem um pouco de estrutura eles certamente logo desmoronariam.

A casa de Denise e Okky tornou-se o espaço não oficial de ensaio da Gang. Era ali que passavam a maior parte do tempo, conversando, cantando, bebendo e se divertindo. Certa noite, Júlio estava discursando seriamente sobre a importância de seus artistas preferidos.

— Sabe, os maiores, tipo Donga, Cartola, Zeca...

Alice o interrompeu. Ela estava implicante e bem-humorada nessa noite.

— Isso rima! Donga! Zeca! Cartola! Mais... manda mais!

— O quê?

— Mais nomes, por favor!

— Caymmi! — disse Denise.

— Zé Keti! — sugeriu May.

— Caymmi! Zé Keti... hummm... legal — disse Júlio, sorrindo.

— Gigante! — acrescentou Alice, rindo.

— Uau! Boa! Funciona! Uma música com os nomes mais incríveis dos nossos ídolos!

Todos riram, enquanto Júlio pensava: "Até que não é má ideia."

Ele pegou um caderno e começou a escrever os nomes de seus heróis, acrescentando as sugestões que vinham dos outros. Não apenas cantores, mas poetas. E atores. E cineastas... todos eles. E continuaram a beber. No fim da noite, tinham uma ótima lista, de alguma forma ordenada por rimas e sons. Era uma letra simples, mas eficiente. E divertida! A música mais rápida que já haviam escrito.

No estúdio, no dia seguinte, Alice tomou as rédeas da criação da canção. Suas habilidades musicais melhoravam conforme ela se manifestava mais no estúdio. Ela disse a Luiz Fernando que queria uma versão animada de "Slippery People", dos Talking Heads, com influência africana e um toque de conga. Luiz Fernando foi trazendo os músicos e juntando as peças, enquanto as garotas treinavam o ritmo e o som dos nomes, o que era mais fácil do que cantar letras. Luiz Fernando acrescentou umas gravações de arquivo com cantos maoris e aborígenes e em um dia a música estava pronta.

A canção ganhou o título de "Românticos a Gô-Gô", nome pensado por Júlio para se referir a Alice e a ele como um casal livre, a *gô-gô*, sem restrições. Júlio interpretava isso de forma bem literal, enquanto que para Alice era mais um "modo de dizer". Júlio amava flertar com as garotas, fazê-las rir e transar com elas. Sempre fora assim, e, desde o primeiro show da Gang 90 na Pauliceia, vinha recebendo cada vez mais atenção, o que só tinha aumentado com a apresentação no Festival MPB Shell.

— Não posso fazer nada, Alice. São elas que *me* procuram! É difícil tirar elas de perto! — dizia Júlio se Alice o questionasse.

Mas quando Alice recebia atenção masculina, a história era outra, e o lado ciumento de seu namorado aflorava. A culpa era sempre dela.

— Você os provoca! Seduz! Faz eles te seguirem! — brigava ele, agressivo.

Alice tinha falado sobre isso com Rosana e se convencera de que o Brasil era mais fluido nessas questões. Todo mundo parecia beijar e pegar todo mundo. Mesmo assim, ela considerava Júlio *seu* namorado, e queria que ele a reconhecesse como *sua* namorada.

— Por que você ainda é casado com a Naiade? — perguntou ela certa tarde, quando estavam cuidando de Ra.

— A gente nunca casou — respondeu Júlio. — Aqui, casar significa apenas que a gente mora junto. Mas a gente disse por aí que casou de verdade só por causa do Ra.

Alice duvidava, mas aceitava. Algumas noites, Júlio nem voltava para casa. Isso a deixava irritada, insegura e cheia de ciúmes. Por outro lado, quando ela era abordada por rapazes depois dos shows, que flertavam e conversavam com ela, Júlio a interrogava irritado:

— Quem era esse? O que ele queria?

Ele continuava a investigação e acabava a conversa com um "Não gostei daquele cara".

Certa noite, saindo do estúdio, Júlio e Alice entraram numa briga enorme. Estavam em um táxi com Herman, a caminho de casa. Brigavam em inglês e, quando as coisas esquentavam, Alice misturava palavras em holandês e Júlio respondia em português. Herman estava feliz de não estar entendendo nada. Mas, no meio da avenida Paulista, Júlio não aguentou mais.

— Ei, motorista! Para aqui! Agora.

O taxista encostou na calçada, Júlio abriu a porta e saltou do carro.

— Não se esqueça de fechar a porta ao sair! — gritou Alice, com raiva.

Júlio não ligou. Deixou a porta aberta e sumiu na noite. Alice bateu a porta e se acomodou no assento:

— Vamos ligar pra uma galera e nos divertir! Você tem cerveja em casa, Herman?

Em meados de 1982, Nelson ligou para a banda com más notícias:

— Decidimos fechar a Pauliceia Desvairada. Estamos gastando de mais e faturando de menos.

— Mas tá sempre lotado! — respondeu Alice, surpresa.

— É, mas metade das pessoas não paga pra entrar nem pra beber.

Júlio ficou decepcionado com a notícia e começou a beber mais do que de costume. O consumo de álcool tinha aumentado ao longo dos anos e aos poucos virava um problema sério. Ele não bebia apenas nas festas ou de vez em quando... bebia *o tempo todo*. Certa vez, chegou para gravar depois de uma noite de farra. Todos o esperavam há horas, e, quando ele apareceu, o alívio foi geral. Júlio foi direto para o microfone gravar o vocal de uma nova música, "Eu sei, mas eu não sei", versão de uma música menos conhecida do Blondie, "I Know But I Don't Know". No entanto, a festa tinha estragado completamente a sua voz, e o técnico de som comentou pelo alto-falante:

— Júlio, a sua voz está meio seca demais.

Júlio pegou uma garrafa de conhaque Dreher do bolso, abriu e derramou a bebida sobre o microfone.

— Isso deve resolver! — respondeu, rindo, para o técnico.

Em outra ocasião, Júlio tocou a campainha do estúdio, e quando o porteiro espiou pelo olho mágico o viu completamente nu, dançando, e quase teve um ataque cardíaco. Chocado, abriu a porta, mas relatou imediatamente o incidente ao dono do estúdio, o que resultou em um último aviso para que a Gang parasse com um certo *comportamento ultrajante*. Se esse tipo de coisa se repetisse, eles seriam proibidos de entrar.

A gravadora RCA havia reservado vários quartos no Hotel Eldorado Higienópolis para a banda se hospedar durante as gravações do novo álbum. O contrato cobria a hospedagem e a comida, mas não a bebida. No entanto, a primeira coisa que Júlio fazia ao entrar no quarto era secar o minibar. Além disso, não parava de pedir vodca e Jack Daniel's ao serviço de quarto. Depois de várias semanas, a conta foi ficando tão alta que o gerente do hotel exigiu uma parte do pagamento. No começo, Júlio tentou se esquivar, mas não funcionou.

— Pague. AGORA!

Nenhum dos integrantes da banda tinha dinheiro, então ligaram para vários amigos, pedindo ajuda. Como o dinheiro não chegou, o gerente resolveu tomar medidas mais drásticas. Quando uma modelo, convidada por Júlio "para ver se seria uma boa dançarina para a banda", chegou ao hotel procurando por ele, o gerente decidiu mantê-la refém, trancada na área de serviço.

— Ela só vai sair quando a conta for paga — disse para Júlio ao telefone.

Naturalmente, isso gerou enorme comoção. A garota entrou em pânico, gritando e chorando. Finalmente, Júlio acabou ligando para Hélcio do Carmo, o chefe da RCA, pedindo um adiantamento dos royalties para pagar o resgate e salvar a garota. Assim que foi solta, a modelo deu um tapa na cara de Júlio e partiu com raiva. Resultado: a Gang foi expulsa do Eldorado e obrigada a encontrar outra hospedagem.

Júlio bebia principalmente Jack Daniel's, vodca ou cachaça. Às vezes, tomava outras coisas. Durante as gravações do disco, Júlio e May East ficaram muito interessados em catuaba, bebida que supostamente tinha efeitos afrodisíacos. Tinham começado a beber depois das sessões de candomblé, das quais gostavam muito. May tinha conhecido uma mãe de santo, Mãe Marilda, que a impressionara profundamente. E, quando a apresentou a Júlio, ele ficou igualmente impressionado. Eles a visitavam para conversar, em busca de orientação espiritual, mas também de inspiração.

O resto da Gang não se envolvia nessas jornadas religiosas de matriz africana. No entanto, Júlio e May convenceram Alice a ir com eles a uma sessão. Alice participou de uma noite de candomblé comandada por Mãe Marilda. Era uma gira de erês, em que baixam nos participantes espíritos brincalhões, como crianças. Tudo aquilo era novo para Alice, e ela se impressionou com a expressão que via no rosto dos participantes, realmente virados em rostos de crianças! Júlio e May entraram em completo transe, e, quando voltaram ao estúdio, muitas horas depois, May declarou, decidida:

— Quero fazer uma música de erês new wave!

Até ali, May não tinha mostrado muito entusiasmo em participar da criação das músicas da banda, todos ficaram positivamente surpresos. Com o espírito coletivo em mente, encorajaram sua ambição.

— Ótimo! — proclamou Alice, feliz por não ser a única Absurdette a mostrar iniciativa.

— Excelente ideia! — concordou Júlio, e começou a trabalhar com May.

Como nenhum dos dois tocava instrumento algum, cantarolavam as ideias que tinham em mente, enquanto os músicos procuravam os melhores acordes. May tomou a liderança nesse processo e, orgulhosa e animada, mostrou a música pronta para a banda. Como de costume, chamaram outros instrumentistas para trabalhar a canção. O resultado foi muito diferente do resto do trabalho da Gang. "Mayacongo" soava infantil, talvez até um pouco boba. Luiz Fernando tentou convencer a todos de não incluí-la no álbum, mas a banda estava decidida. "Mayacongo" era a contribuição de May para o álbum, e May estava no coletivo. A música *precisava* entrar.

Durante o período de gravações de seu primeiro álbum, a Gang 90 fazia cada vez mais shows pelo país. Em junho de 1982, tocaram no Festival Dia da Criação, em Niterói, com várias outras bandas. A organização tinha reservado para eles quartos no Copacabana Palace, e, assim que a banda chegou, Júlio começou a fazer amizade com outros músicos no bar do hotel. Em poucas horas, tinha convidado vários deles para participar do show da Gang. Além de Herman, Alice, May e Denise, agora estariam no palco Ruban Barra nos teclados, Rui Motta, dos Mutantes, na bateria, e Claudia Niemeyer no baixo. Depois dos ensaios decepcionantes e caóticos em São Paulo, Júlio ligou para Claudia e a convenceu a lhes dar uma chance e tentar de novo.

— Vai ser diferente! — prometeu.

Ela torcia para que Júlio estivesse certo. Mas não estava: foi tudo tão caótico quanto antes.

Júlio convidou também um músico inglês, Clive Stevens, que conhecera no bar do Copa. Stevens tinha fundado o que chamava de uma superbanda de artistas brasileiros, que incluía músicos como Arthurzinho Maia, Heitor TP e Áureo de Souza. Faziam o que chamavam de jazz fusion funk esotérico, o que Júlio amou de imediato.

— Por que não vem tocar sax numa das músicas do nosso show? — convidou Júlio.

— Vou adorar! — respondeu Clive, sem titubear.

E assim Clive juntou-se à Gang para um solo de saxofone em "Convite ao prazer".

— Ficou ótimo! — disse Júlio depois do show. — A gente devia tocar junto mais vezes. Ou compor junto umas músicas!

Júlio e Clive se deram muito bem, bebendo em proporções equivalentes. Clive deu a Júlio seu último álbum, *Semjase*, que Júlio adorou, especialmente a música "Spaced Out in Paradise".

— Clive! Quero traduzir aquela letra de "Spaced Out in Paradise" para incluir no álbum da Gang 90. O que você acha?

— Traduzir? Fazer um cover?

— Não, traduzir, não. Mexer na letra e um pouco na música, mas manter o clima original.

Clive ficou alegremente surpreso.

— Claro, vai fundo.

"Spaced Out in Paradise" era um típico pop eletrônico que lembrava Billy Idol e Adam Ant. A Gang acelerou o ritmo da música, simplificou-a e colocou Alice cantando, solo, sem as Absurdettes. Quanto à letra, Júlio mudou totalmente o tema original, da amizade incondicional, para um texto inspirado no candomblé: "Dada dos Orixás." Funcionou incrivelmente bem. Para gravar, trouxeram Luiz Paulo Simas para os teclados, Tavinho Fialho para o baixo e Gigante para a bateria. Terminada a gravação, Júlio foi mostrar para Clive, que ficou superentusiasmado:

— Ficou ótima! Melhor que a original.

A colaboração com Clive continuou ao longo do ano. A Gang 90 foi selecionada, mais uma vez, para o Festival MPB Shell. No ano anterior, haviam sentido que ficaram perto de ganhar. O motivo de terem perdido fora o júri conservador, ou, pelo menos, era o que diziam a si mesmos. Se o júri desse ano fosse mais moderno, tinham chances de vencer. E àquela altura a banda estava tocando melhor, era muito mais experiente. Decidiram inscrever "Convite ao prazer" e pedir a Clive que fizesse um solo de saxofone, como no festival em Niterói. Estavam confiantes, com dois astros internacionais na banda — Alice e Clive —, o que, segundo Júlio, era novidade no MPB Shell.

— Isso deve bastar para ganhar na final! — disse para a banda, animadíssimo.

A Gang 90 entrou na última rodada preliminar em julho de 1982 com confiança total. Júlio estava bastante seguro de si, vestindo preto e amarelo, diferente do estilo de roupas brancas habitual. As garotas entraram no palco em vestidos extravagantes de baile causando uma forte impressão. Assim como no ano anterior, todos beberam e cheiraram antes da apresentação, o que Clive adorou. Na metade da música, chegara a hora do solo de sax. O inglês tomou a dianteira e se dedicou inteiramente. Estava inspiradíssimo, tocava, tocava e tocava sem parar! Parecia que não pararia nunca! Sem saber o que fazer, a banda continuou tocando junto. As garotas olhavam para Júlio, pedindo ajuda: "O que fazemos?" Júlio também estava confuso. Deveria pedir para Clive parar? Tudo isso estragaria o show. Olhou para as garotas e fez sinal para que continuassem dançando. Clive continuou a tocar. "Façam como se fosse parte da apresentação", pediu Júlio às garotas. Elas experimentavam coreografias esquisitas para distrair as câmeras de TV do solo interminável de Clive. "Mas por quê? Clive! Por quê? Que solo é esse? Para!", dava para vê-las pensar. As pessoas na plateia também se encaravam, sem entender. "Qual é a desse cara?"

Quando Clive finalmente parou, Júlio e os músicos terminaram a canção rapidamente. Saíram do palco e Júlio sabia que era o fim.

— Uau, foi incrível! — celebrou Clive nos bastidores, entusiasmado.

O júri, entretanto, discordou. A Gang 90 não passou para a final nem voltou ao festival.

Júlio ficou extremamente contrariado com o resultado. Andava agitado, bebendo demais e comprando brigas o tempo todo, principalmente com Alice. Ele também começou a implicar cada vez mais com Herman, rindo de seu sotaque nordestino. Tanto Alice quanto Herman tentavam ignorá-lo. No dia seguinte, a banda tinha marcado um show no Noites Cariocas, uma festa no morro da Urca. O Noites Cariocas era um projeto de Nelson Motta feito na sequência da discoteca Dancin' Days, e a Gang era a atração principal de uma noite new wave, termo que estava se tornando mais conhecido no Brasil. Eles mal tinham ensaiado, e, ao chegarem à casa de shows no alto do Pão de Açúcar, apenas metade da banda estava presente. Para piorar, Gigante Brazil não apareceu. Tinha perdido o voo em São Paulo, e a banda ficara sem baterista. Júlio rapidamente pensou em uma solução:

— Acho que eu vi o Lobão por aí. Ele fez um excelente show em Floripa. Será que topa substituir o Gigante?

E foram até a plateia atrás do Lobão, que aceitou imediatamente tocar com a Gang. Alice tinha ouvido falar de Lobão, mas não o conhecia. Era um homem lindo, esguio, com nariz longo e olhos castanhos profundos. Sem perceber, Alice não conseguia tirar os olhos dele, o que acabou por chamar sua atenção. Durante mais um show caótico, seus olhares frequentemente se encontravam, e Alice se perguntava: "Será que ele sabe que eu namoro o Júlio?"

A Gang ficou ainda mais uns dias no Rio, para na noite seguinte fazer um show no Planetário da Gávea e na outra tocar no

Canecão na festa de aniversário da Rio Cidade. No começo de agosto, o encerramento dos shows no Rio foi com Júlio tocando como DJ na festa de aniversário de 40 anos de Caetano Veloso, na casa do próprio Caetano. Júlio já estava completamente bêbado quando começou o set. A festa durou vários dias.

De volta a São Paulo, a farra continuou, dessa vez na casa da esposa de um rico banqueiro, Linda Conde. Ela era uma mulher que se vestia de modo extravagante e adorava estar perto de jovens, descolados e modernos. E também adorava cocaína. Quando a banda chegou, a festa já estava cheia de jovens chapados. Linda recebeu a Gang em sua sala de estar, especialmente feliz com a presença de Júlio e Herman.

— Beeeeeeeeeem-vindos! — disse aos garotos, com um sorriso de orelha a orelha. — Por favor, sentem-se no sofá!

Um pouco surpresos com o clima, sentaram-se.

— Brigado — murmurou Herman.

— Ah, meninos, não fiquem tímidos! Tenho uma surpresinha pra vocês!

Ela se aproximou da mesinha de centro e pegou um saco plástico transparente cheio de cocaína branca e pura.

— Delícia! — disse, sorrindo, surpreendendo os garotos.

Não havia um roteiro musical a seguir, então a banda tocou o show de costume. E quando acabou, começou de novo do início, tocando a mesma coisa. E, quando o set list acabou pela segunda vez, simplesmente começaram uma terceira. Ninguém se importou, nem ao menos notou. No intervalo entre o terceiro e o quarto set de músicas, Alice notou uma fila comprida no banheiro e perguntou a um garoto se estavam esperando para fazer xixi.

— Xixi? Você tá de brincadeira? Estão todos esperando uma carreira!

Eles não podiam fazer nada além de participar. O intervalo virou o fim do show, pois a maior parte da banda já estava bêbada ou chapada demais para continuar. Só Claudia, que não era das drogas, voltou para o quarto set, sem encontrar nenhum dos outros no palco.

Enquanto isso, o single de "Nosso louco amor" começou a tocar sem parar na rádio Fluminense FM, conhecida como a Maldita e que se dedicava 24 horas ao rock e às novas bandas que surgiam no cenário musical. Com o sucesso da canção, foi a vez de a TV Globo convidar a banda para se apresentar de novo no *Cassino do Chacrinha*. Dessa vez, Herman tomou a liderança no palco, mudando de músico e apoio vocal para *band leader*. Júlio, completamente desconfortável com a liderança de Herman, entrou em cena com uma guitarra, que fingia tocar com afetação, na tentativa de aumentar sua presença no palco, mas era nítido que não tocava os acordes da canção. O que não tinha a menor importância em meio ao caos de gritaria da plateia, da falação do Velho Guerreiro e da coreografia das Chacretes. Aquilo era tão diferente dos shows experimentais de poesia e arte que faziam na Pauliceia. Agora estavam fazendo música pop chiclete, para adolescentes, em rede nacional de TV. Será que estavam se perdendo?

Júlio estava irritado com a maneira como as coisas estavam evoluindo. No show seguinte, em São Paulo, saiu do palco sem agradecer ou se despedir de ninguém. Foi de bar em bar e tentou comprar briga com qualquer um que passasse por perto. Ninguém parecia dar bola, ignorando suas investidas. Ele então pegou um táxi de volta para casa. Era perceptível a agressividade fervendo em seu corpo. Ele precisava botá-la para fora, e, quando chegou em casa, havia apenas Alice. Ela estava adormecida, mas para Júlio não importava, e ele começou a atacá-la verbalmente.

— Você tá me traindo! Você tá destruindo a banda! Você quer me largar pra seguir carreira solo!

— Como assim? — respondeu assustada, Alice, acordando. — Do que você tá falando!?

Júlio estava claramente descontrolado e foi na direção de Alice. Ela se ergueu e gritou, dizendo que ele estava louco. Júlio, então, levantou a mão e bateu pesado na cara de Alice. Ela perdeu o equilíbrio e caiu no chão. Júlio se aproximou, levantou-a com violência e jogou-a contra a parede, segurando-a com força.

— Eu sei, mas eu não sei, Alice — disse, com raiva. — Quero você. Posso ter você. Mas se te perder não ligo. Sou seu cachorro, mas não seu bichinho de estimação.

Alice não estava entendendo nada daquela conversa bêbada.

— Para! Chega! — gritou.

Júlio aproximou Alice de seu corpo, empurrou-a novamente contra a parede e a largou. Ela caiu de joelhos, chorando, sem saber o que fazer. Júlio se afastou, olhou para ela, pegou a primeira coisa que viu pela frente e atirou-a com toda a força, estilhaçando a garrafa de vidro no chão. Cambaleou então até a cama e dormiu, ainda de roupa e sapatos.

Na manhã seguinte, quando Alice acordou no sofá, sentia-se humilhada. Foi até o banheiro e viu seus hematomas no espelho. Tinha um olho completamente roxo. Em choque, lembrou que a banda tinha uma sessão de fotos justo naquele dia. Se deteve diante do espelho.

Júlio acordou em seguida, envergonhado, constrangido, e foi até o banheiro procurando por Alice, atraído pelo barulho da água do chuveiro.

— Não sei o que aconteceu, Alice. Juro. Eu tava muito bêbado. Desculpa — sussurrou quase inaudível.

Alice não queria falar, virou-se para a parede e continuou seu banho em silêncio.

— Eu preciso melhorar, Alice. Eu quero, eu consigo.

Alice o ignorou boa parte da manhã. Fez café só para ela e, finalmente, voltou-se para Júlio.

— Olha o que você fez! Não foi esse o cara por quem eu me apaixonei!

Ficou em silêncio, o olhar perdido, entre a enorme raiva e a imensa tristeza.

— E como vou lidar com *isso*, Júlio? — apontou para o olho roxo. — A gente tem uma sessão de fotos hoje! Daqui a pouco! O que vou dizer pras garotas? Pro Herman? Pro fotógrafo? Me fala!

Dessa vez Júlio ficou quieto. Mal podia olhar para Alice, enquanto ela o encarava furiosa. Ela foi até o espelho na tentativa de cobrir o roxo do olho, mas as muitas camadas de maquiagem não chegaram a resolver. Então passou por ele e saiu de casa.

No estúdio, as garotas imediatamente perceberam que Alice estava tentando esconder um hematoma, e tentaram ajudá-la. Constrangida demais para falar a verdade, disse que tinha entrado de cara numa porta, bêbada. A mentira foi facilmente aceita, já que as garotas não imaginavam Alice e Júlio brigando naquele nível. No entanto, o soco tinha sido tão forte que nenhuma maquiagem era capaz de escondê-lo completamente. No fim das contas, ela simplesmente pôs uma luva estilosa na mão direita e a usou para esconder o olho machucado.

Nas semanas que se seguiram, Alice tentou ficar distante mentalmente da banda e de Júlio. Mas eles tinham shows por fazer e um álbum para terminar. Em outubro de 1982, já contavam com oito canções, o que ainda não era o bastante para um álbum completo. Com a distância de Alice e Júlio descontente com o papel crescente de Herman na banda, o clima estava péssimo. Para piorar, May East quebrara a perna pouco antes de uma importante apresentação na TV, para o especial infantil *Plunct, Plact, Zum*. Iriam tocar uma música nova que ninguém sabia direito — composta por Tavinho Paes, velho amigo de Júlio — chamada "Será que o King Kong é macaca?". A emissora tinha gastado um bocado de dinheiro com um cenário de selva luxuoso no qual figurantes vestidos de gorila dançariam ao redor da banda. A fumaça cobria todo o palco, escondendo inclusive a perna engessada de May East. A maioria dos integrantes da banda não se lembrava da letra da música, depois dos dois únicos ensaios feitos, com isso, o playback ficou completamente dessincronizado com a performance ao vivo. Alice não estava nem aí, e foi embora logo depois que a gravação acabou. Não disse a Júlio, nem a mais ninguém, que iria direto para o bar Garota de Ipanema encontrar Lobão. "Só um drinque", pensara consigo mesma, mas logo eles estavam conversando, rindo, flertando e se beijando. Lobão era muito atraente, tinha ideias interessantes e não parecia beber tanto quanto Júlio. Era masculino, mas sensível, e Alice sentia que estava se apaixonando por ele.

Logo depois de *Plunct, Plact, Zum*, o chefe da RCA, Hélcio do Carmo, ligou para Herman para contar sobre o sucesso crescente de "Nosso louco amor".

— A música está indo muito bem nas paradas. A Globo agora quer usar a gravação de vocês como tema de abertura da novela, que, além do mais, vão chamar de *Louco amor*!
— Uau, que incrível! — respondeu Herman, superfeliz.
— Pois é. Aqui na RCA a gente acha que a novela vai ser um sucesso. Vai ter Fábio Jr., Bruna Lombardi, Gloria Pires e outros nomes de sucesso. Várias estrelas da TV. Dá para imaginar? Durante um ano inteiro, a novela das oito, do horário nobre, vai tocar a sua música. Todo dia, milhões de pessoas vão ouvir! Vai ser gigante, Herman.

Hélcio gostava de Herman. Era mais fácil lidar com ele do que com Júlio. Herman respondia às suas perguntas e entendia o lado comercial do negócio. Júlio simplesmente não se importava com nada disso.

Herman desligou e foi encontrar a banda para dar a boa notícia. Mas o grupo reagiu sem nenhuma alegria. Ao contrário, a maioria respondeu de maneira negativa, especialmente Denise. Ela achava que Herman estava operando de maneira independente demais.

— Por que o Hélcio ligou pra você em vez de pra gente? — E perguntou ao irmão: — Júlio, o que você acha disso tudo?

Júlio ignorou a pergunta. Estava lendo e bebendo Jack Daniel's, não queria lidar com besteiras, como uma música que era tema de novela. Tinha nas mãos um exemplar de *Doctor Sax*, de Jack Kerouac, uma novela beatnik psicodélica experimental. Os arranjos independentes de produção de Herman eram o menor de seus problemas.

Alice estava sofrendo com suas emoções. Ela amava Júlio de verdade. Quando ele estava sóbrio e criativo, não havia ninguém mais atraente. Mas quando estava bêbado e agressivo, ela queria fugir de perto dele o mais rápido possível. Para complicar mais as coisas, ela estava mesmo se apaixonando por Lobão. Mas o que aconteceria se terminasse com Júlio? A banda seria desfeita? Cancelariam a produção do disco? Bem agora, quando estava prestes a ficar pronto? Bem agora que ela estava compondo mais e melhor? O que aconteceria com Júlio? Será que ele teria um colapso e beberia ainda mais? Ela não queria nem pensar em tudo isso.

Certo dia, no estúdio, Alice ouviu Denise reclamar com Júlio sobre os desmandos de Herman em relação à carreira da banda.

— Ele está destruindo a ideia da coletividade! E capitalizando todo o sucesso da banda pra ele!

Eles não sabiam que, naquele momento, Herman havia recebido um segundo telefonema de Hélcio do Carmo, pedindo a ele que gravasse uma versão em espanhol de "Nosso louco amor" para o público latino. Herman havia decidido não contar para a banda simplesmente porque não queria brigar de novo com os Barroso. Considerava que a música era *sua*. Por que deveria pedir permissão aos outros? No entanto, a banda logo descobriu, e tanto Denise quanto Júlio ficaram revoltados. Júlio saiu furioso do estúdio, indo direto para o bar mais próximo. Denise saiu atrás dele. Alice foi para casa, já temendo o estado em que Júlio chegaria.

Às quatro da manhã, Alice ouviu Júlio entrar no apartamento. Ele gritava, no que parecia ser português, esbarrando nas paredes e batendo as portas. Alice fingiu dormir, mas Júlio não quis nem saber.

— QUERO MINHA ABSURDA! CADÊ MINHA ABSURDA?

Ele entrou no quarto e puxou com força os lençóis que a cobriam. Alice estava acordada e preocupada.

— JÚLIO! NÃO!

Ele não ouviu, não ligou. Agarrou as pernas nuas de Alice e as puxou para perto.

— QUERO SATISFAZER O SEU DESEJO! — gritou ele.

Alice tentou se desvencilhar, esperneando e chutando Júlio, derrubando-o no chão. Ela pulou da cama e correu para o banheiro, mas Júlio levantou-se e foi atrás dela. Ela conseguiu entrar antes dele, fechou a porta e tentou trancar, mas era tarde demais. Júlio empurrou a porta, enquanto ela tentava usar de toda a força que tinha para mantê-la fechada.

— ABRE, ALICE!

Com um forte empurrão, Júlio venceu a resistência e abriu a porta. Alice correu para o outro lado do banheiro, escorregou no tapete e caiu no chão. Júlio se jogou em cima dela e arrancou sua camiseta.

— JÚLIO! PARA! ME SOLTA! — gritava ela.

Ele agora estava em controle total, enrolando a camiseta rasgada de Alice em volta de seu pescoço.

— É isso que você quer? Quer ser estrangulada? — perguntou agressivamente. — Qual é o seu segredo, hein, Alice? O que você quer?

Ela continuou resistindo, tentando bater nele com toda a força que lhe restava, mas Júlio era mais forte.

— Você só me quer pela fama, não é, ALICE? Só me quer pelo sexo? Quer que eu seja um brinquedinho. Posso ser seu brinquedinho?

Ele a pressionou com mais força, deixando Alice sem movimentos e quase sem ar. Ela tentava abrir espaço entre seu pescoço e a camiseta, puxando o tecido com os dedos. Com a outra mão, tentava alcançar um armário do banheiro. Com um forte puxão, derrubou o móvel sobre Júlio, que foi pego de surpresa, deixando que Alice conseguisse se afastar, escapando do banheiro.

— VOLTA AQUI! VOLTA AQUI, ALICE! — gritou ele, levantando-se para correr atrás dela.

Alice foi direto em direção à porta do apartamento, saindo para o corredor do prédio e parando diante da porta do vizinho. Júlio estava logo atrás dela. Ela aproximou o dedo da campainha do vizinho e virou-se para ele.

— PARA! — avisou. — PARA AGORA OU EU TOCO A CAMPAINHA!

Júlio parou de repente. Alice estava tremendo, só de calcinha no corredor e com partes da camiseta rasgada no pescoço e sobre os ombros.

— NÃO OUSE, JÚLIO! NÃO OUSE! — implorou, com a voz quase falhando.

Lágrimas começaram a transbordar de seus olhos. Isso pareceu atingir Júlio. Ele também começou a chorar, caindo de joelhos diante de Alice no corredor. Ela o escutava resmungar "Desculpa, desculpa, me desculpa", mas ainda estava com medo, e não tirou o dedo da campainha do vizinho até que os pedidos de desculpas de Júlio se transformassem em um sono bêbado. Voltou cuidadosamente para o apartamento, passando por cima do corpo de Júlio desabado no chão, e fechou a porta. Vestiu-se o mais rápido que pôde jogou suas coisas numa mala, levando tudo o que conseguiu encontrar em poucos minutos. Foi embora na ponta dos pés, chorando, deixando Júlio estirado, a dormir no corredor. Quando saiu do prédio e pegou um táxi, soube que jamais voltaria àquele apartamento.

8. Jack Kerouac
(Júlio Barroso/Alice Pink Pank)

Uma noite eu sonhei que era Jack Kerouac mandando brasa nas estradas do mundo subi no terraço: Rua Houston e vi as torres gêmeas brilhando o pelo louro da menina as tranças negras do crioulo sua guitarra sua angústia calma peguei a lata de spray desci pra rua e pintei dois olhos verdes nas paredes ontem à noite eu sonhei que conversava com Jack Kerouac ele me disse que renascia negro tocador de piston e seu sopro som era tão alto que despertava todo mundo eu acordei mandando brasa nas estradas do mundo

© Universal Publishing Mgb

Júlio adorava andar com seus amigos gays e travestis, ainda mais nos anos de Nova York, onde as boates gays tinham a melhor música. Em uma dessas casas noturnas, ele conheceu Lionel White, um jovem negro, gay, músico de funk e conhecido como Snuky Tate. Snuky tinha gravado uma canção, "He is the Groove", que havia feito um certo sucesso em Nova York. Júlio e Snuky imediatamente ficaram amigos. Curtiam, bebiam e andavam juntos. Quando voltou a São Paulo, Júlio perdeu o contato com Snuky, mas, na noite em que Alice foi embora, ele teve um sonho vívido com o amigo. Sonhou que estavam sentados no alto de um arranha-céu na rua Houston, olhando o horizonte nova-iorquino, encarando as Torres Gêmeas. Fumavam e bebiam, se divertindo, até Júlio ter um estalo:

— Preciso grafitar, cara. Vou descer pra pegar uma lata.

Júlio desceu, magicamente encontrou um spray de grafite e voltou para onde estavam. Snuky tinha se virado de costas para ele. Tudo que Júlio via eram as lindas tranças crioulas do amigo. Ao lado de Snuky, notou uma garota lânguida, muito branca, de cabelos louros. Júlio congelou. Sentiu o corpo se encher de ciúme. Quem era aquela? Entrou em pânico, virou-se e começou a correr para pular do prédio. Pouco antes que ele pulasse, Snuky o interrompeu.

— Júlio! Cara! O que cê tá fazendo?

Júlio parou, voltou-se na direção de Snuky, percebendo que ele o encarava de forma estranha.

— Júlio... Olha pra você... O que te aconteceu?

— O quê? Como assim? — perguntou Júlio, sem entender.

— Você... você virou negro. Você renasceu negro.

— O quê? Negro? Eu fiquei negro...? Uau! Sou NEGRO! Preciso ver isso! — gritou Júlio. — Mulher! — gritou para a garota ao lado de Snuky. — Me dá um espelho!

Mas a garota deu de ombros. Onde encontraria um espelho? Júlio decidiu descer novamente do prédio. Estava escuro e não havia praticamente ninguém na rua, só um velho vagando. Júlio correu até ele e puxou-lhe a camisa para chamar sua atenção.

— Senhor! SENHOR! Teria um espelho?

O homem virou-se para Júlio, confuso, e deu um longo gole numa garrafa de Jack Daniel's.

— Caaaaara! — disse o homem.

O homem lhe parecia familiar, pensou por um segundo. De repente se deu conta.

— Você é... Jack Kerouac — sussurrou chocado. — Você é Jack Kerouac! Meu autor preferido! Meu herói!

— Sou eu — respondeu o homem, calmamente, sem dizer mais nada.

Ali estava Júlio. Em plena madrugada na rua Houston. Com Jack Kerouac!

— Jack... Posso chamá-lo de Jack? Jack, você por acaso teria um espelho?

Kerouac sorriu para Júlio. Tirou um espelho do bolso de trás e o colocou diante do rosto de Júlio. Mas, em vez de ver uma versão negra de si mesmo, ele se deparou com o rosto de Alice. Todo machucado, marcado de hematomas e sangue por todo lado. Júlio congelou, encarando aquele rosto. Kerouac lhe entregou o espelho e se afastou se despedindo:

— Tchau, tchaaaaau.

Foi quando Júlio acordou.

Alice tinha decidido ficar na casa de Denise e Okky. Estava confusa. Sabia que não queria mais ficar com Júlio, mas não queria magoá-lo, acabar com a banda nem interromper o disco. Ao abrir a porta às seis da manhã, Denise abraçou Alice. Não precisava de palavra alguma para explicar. Sabia exatamente o que estava acontecendo. Ajudou Alice a limpar e a cuidar dos machucados. Fez um chá e a colocou para dormir. Mas Alice continuava tremendo e não conseguia adormecer. À tarde, conversou com Denise.

— Não posso mais morar com o Júlio, Denise. Desculpa.

— Eu entendo, querida. Acho que é melhor você sair de São Paulo por um tempo. Por que não fica com meus pais no Rio? Eles cuidam de você.

Alice pegou um avião para o Rio na manhã seguinte e foi direto para a casa dos Barroso, em Ipanema. Foi recebida sem sequer uma pergunta. David, irmão de Júlio, cuidou dela. Tinha acabado de se formar em medicina e já trabalhava como médico. Tratou as feridas de Alice enquanto ela se recuperava. Ela ficou com os Barroso por uma semana, sem entrar em contato com Júlio, depois voltou para São Paulo, para a casa de Denise. A primeira vez que viu Júlio de novo foi no estúdio. A banda estava toda lá, conversando, brincando e bebendo como de costume.

— Oi, Alice! Faz tempo que não te vejo! — cumprimentou Herman, alegre.

Ela sorriu. Júlio mal ousava olhar para ela. Os demais se comportavam como se nada tivesse acontecido. Júlio ficou distante. Não sabia como lidar com a presença de Alice, ficava por perto, mas fingindo estar ocupado com a produção. Júlio estava envergonhado e constrangido. Alice também não sabia como se comportar. Sentia-se triste, e escondia seu estado de espírito sob uma capa de profissionalismo. Estava concentrada em terminar o álbum. Apenas nisso.

Depois de uma hora, Júlio finalmente ousou se aproximar. Falou, com uma voz baixa e tímida:

— Escrevi outra música.

— Tá — respondeu ela, distante.

Júlio entregou um papel com uma letra. "Jack Kerouac" estava escrito no topo da página. O texto não era muito longo, era estranho e surrealista. Ela olhou e devolveu o papel para Júlio, pensou uns instantes e começou a trabalhar.

A partir dali, Alice estava no comando, como se compusesse há anos. Pediu a Gigante para começar com uma batida simples na bateria. Ritmada, mas contida. Então começou a trabalhar com Luiz Paulo Simas nos teclados, criando uma melodia onírica de acordes simples e longos. Em seguida, começou a experimentar com o LinnDrum, uma nova bateria eletrônica que Júlio tinha comprado em Nova York. Com o LinnDrum, criou efeitos sonoros que intensificavam o clima de sonho. Ao mesmo tempo, pediu a Tavinho Fialho que tocase o baixo, improvisando a partir da batida de Gigante. Ele tocou uma linha de baixo grave, suingada, hipnotizante e em constante mudança. Herman se juntou.

— Entro pra levar esse som com vocês?

— Claro — respondeu ela, decidida. — Mas entra na metade da música. Nada muito doido.

Júlio ficou meio tímido no fundo, propondo ideias soltas para melhorar a música, mas Alice permaneceu no controle. Ela pediu a Júlio para experimentar certa melodia, mas o resultado ficou terrível. A voz dele já era ruim normalmente, e naquele dia não tinha profundidade e transbordava de culpa, o que era ainda pior. Alice precisou intervir.

— Vamos tentar outra coisa. Júlio, por que você simplesmente não *fala* a letra? Só *fala* as palavras? Que nem a Debbie Harry, do Blondie, em "Rapture".

Júlio concordou. Então ela pediu a Luiz Fernando que gravasse sua própria voz.

— Com as Absurdettes? — perguntou ele.

— Não, não, dessa vez só a minha.

Ela sabia exatamente o que queria. Um coro de anjos suspirantes, de uma mulher só, paralelo aos acordes do teclado. Luiz Fernando mixou em várias camadas para dar peso. "Assim?", perguntou ele a Alice, botando para tocar no aquário da técnica, enquanto o restante da Gang conversava no estúdio. Havia pouca risada e bebida naquele dia. A banda estava mais quieta, mais sóbria.

— Isso, Luiz. Obrigada. Demais.

A partir daí, Alice buscou o equilíbrio certo entre as partes. Estava amando trabalhar naquilo. Ajudava a distrair sua cabeça.

— Como a gente deve terminar? — perguntou Luiz Fernando. — Faz um *fade*?

— Não — respondeu ela. — Quero que a canção vá ficando cada vez mais intensa a caminho do fim, num crescendo até um grande clímax. Cada instrumento indo mais e mais e mais longe, até arrebentarmos numa grande explosão.

Ela olhou por um instante para Luiz Fernando. Ele era o produtor perfeito para uma banda de jovens talentosos, mas completamente desorganizados. Ele sorriu para ela.

— Vamos chamar de novo os músicos.

Algumas horas depois, estava tudo terminado. Ali estava a nona música do disco, "Jack Kerouac". Uma canção composta por Alice como um processo de cura. O processo de abrir mão de seu grande amor. Sem notar, Júlio e Alice tinham produzido juntos uma obra-prima do new wave.

A Gang 90 fez dois shows no interior do Rio de Janeiro em um mesmo fim de semana. O primeiro numa sexta à noite, no Aeroclube de Volta Redonda, com Áureo de Souza na bateria e Claudia Niemeyer no baixo. O segundo no sábado, na pequena cidade de Vassouras, com a mesma formação. Júlio já estava tão bêbado no começo do show que precisou ser retirado do palco depois da segunda música. Cinco músicas depois, outros membros da banda também tiveram de ser retirados. Herman improvisou rapidamente um instrumental para que as Absurdettes trocassem de roupa e voltassem para a segunda parte do show. As garotas foram, mas não voltaram, deixando Herman e Claudia tocando sozinhos. Mais três músicas e eles acabaram desistindo do show e deixaram o palco, antes que a plateia se revoltasse. A banda partiu de imediato de Vassouras e voltou para o Rio, ou melhor, foi direto para o bar Real Astoria, no Baixo Leblon, onde logo o restante da turma da Gang se encontrou. Nelsinho Motta, Antônio Carlos Miguel e a namorada, Katia, Ezequiel Neves, Tavinho Paes, Guilherme Arantes e Luiza Maria, Bernardo Vilhena e a namorada, Isabela, Luiz Paulo Simas, Jorge Salomão e Sonia Miranda, que tinha acabado de chegar de Nova York, Billy Forghieri, Luiz Fernando Borges e até Clive Stevens! Era claro que uma nova cena musical começava a surgir. Bandas de rock e new wave estavam por todos os lados. No começo era mais na cena paulista alternativa, com bandas como Voluntários da Pátria e Azul 29. No final de 1982, entretanto, a onda começa a pegar, especialmente com o surgimento da Blitz, no Rio, e das bandas de Brasília. Não eram mais apenas uns amigos que se encontravam para fazer barulho. Aquilo estava virando um negócio de verdade.

Lobão também apareceu no Real Astoria. Notou Alice no mesmo instante e quis beijá-la no ato. Alice sentia o mesmo, mas Júlio estava por perto e ela não queria que ele tivesse um ataque de raiva. Por isso, evitou cruzar seu olhar com o de Lobão. Álcool e cocaína fluíam livremente, e no fim da noite todo mundo abraçava todo mundo, meio se beijando e meio se apoiando um no outro para não cair. Júlio estava em um estado lastimável.

— Vamos continuar a farra! — gritou ele do alto da mesa às cinco da manhã, quando os garçons começaram a virar as cadeiras sobre as mesas para lavar a cerveja da noite do chão.

Naquele fim de semana, a banda tinha se hospedado em um apartamento gigantesco em Ipanema, para onde metade do grupo se dirigiu para seguir com a festa, inclusive Lobão.

Chegando à casa, Júlio estava tão bêbado que precisaram acordar a empregada para ajudá-lo a entrar. Ele estava quase desmaiado, mas, por um momento, ficou de pé na cozinha.

— VOCÊ! — gritou para a empregada. — Quero dormir com VOCÊ!

Ele seguiu em direção à área de serviço e se jogou na cama da empregada, adormecendo imediatamente. Em pânico, a empregada correu para Alice.

— E onde EU vou dormir?

Alice tentou tirar Júlio da cama, mas ele estava quase em coma alcoólico. A moça continuou a gritar, aflita com Alice, tentando mover Júlio, sem sucesso. Alice a convenceu a dormir em um dos quartos de hóspedes.

— Amanhã eu prometo que devolvo a sua cama. Deixo ela perfeitamente limpa para você. Prometo!

Alice respirou fundo e encarou o teto. Ainda precisava encontrar uma cama para si mesma. Seguiu pelo longo corredor onde foi vasculhando, de porta em porta, um espaço vazio para dormir. Na terceira porta, encontrou o quarto em que Lobão dormia. Fechou a porta instintivamente, mas não resistiu e a abriu de novo. Podia ver seu corpo esguio semicoberto por um lençol branco. "Será que ele está mesmo dormindo?" Entrou no quarto na ponta dos pés e se deitou silenciosamente ao lado de Lobão, tentando não acordá-lo, mas apenas sentir o calor de seu corpo perto dela na cama. Ele fez um movimento e olhou para ela por cima do ombro nu. Sem dizer nada, a recebeu com um longo beijo na boca.

Júlio acordou com uma ressaca horrível. Sentia-se um caco. "Por que estou na cama da empregada? Será que transei com ela? Não, claro que não. Ou será que sim?" Ele se levantou enquanto o resto da casa ainda dormia. Foi à cozinha em busca de seu café da manhã habitual, iogurte com vodca, mas como não achou bebida alguma, tomou só o iogurte. A casa estava uma bagunça, gente e roupa por todos os lados. Ele entrou no banheiro, jogou água gelada na cara e continuou o tour pela casa. Abriu a porta do quarto de hóspedes onde Alice e Lobão dormiam. Ao ver os corpos entrelaçados, sentiu o coração afundar. Quase derrubou o pote de iogurte, mas conseguiu se manter firme. Respirou fundo e se afastou em silêncio. Começou a ofegar, sentindo uma mistura de ansiedade, raiva e tristeza crescendo dentro de si. Precisava sair dali, ir embora, deixar a casa. Correu para a rua sem saber ao certo aonde ir. Devia ir para a praia, para o mar? Não, não fazia sentido. Para o botequim da esquina, então? Talvez.

Andou na direção da Prudente de Morais. O primeiro lugar que encontrou foi um barbeiro, no qual entrou.

— Bom dia — cumprimentou um senhor simpático. — Tudo bem, meu filho? Você não está com uma cara muito boa.

— Estou bem, sim — resmungou Júlio.

— Precisa cortar o cabelo? — perguntou o homem.

— Preciso. Isso, por favor.

— Tá. Bem... senta, por favor.

Júlio foi até a cadeira e se deixou cair. Olhou para o espelho e, por um segundo, não viu Alice com Lobão, apenas a si mesmo. Estava com uma cara péssima. Barba por fazer, olheiras enormes, o cabelo uma bagunça completa, e o espaço entre os dentes parecia ter aumentado.

— Como posso ajudar? — perguntou o barbeiro.
— Rapa tudo.

Na casa, Alice acordou. Seu instinto lhe dizia que havia algo de errado com Júlio. Foi até o quarto da empregada e não o achou. Procurou nos outros quartos e também não o encontrou. "Ele está bem. Não se preocupe. Deixa pra lá." Disse a si mesma, tentando manter a calma. Foi até a cozinha atrás de um café. "Ele me bate. Tenho medo dele. Preciso terminar com ele de vez." Sua cabeça dava voltas e mais voltas. "Estou preocupada. E se ele tiver se atirado no mar e tiver se afogado? Talvez eu devesse acordar os outros?" De pé na cozinha, Alice entendeu que precisava mesmo acabar com essa história. A dúvida, a incerteza, o medo. Ela não aguentava mais. Deu mais uma volta pela casa e saiu para a rua. "Ele provavelmente está no bar mais próximo."

Da Vieira Souto, Alice caminhou até a Prudente de Morais. Na metade da quadra, viu Júlio andando em sua direção. Estava aliviada de vê-lo vivo, mas ainda tinha medo. "Será que ele me viu dormindo com o Lobão? Se viu, deve ter ficado com o coração partido." Júlio se aproximou e ela reparou que ele estava completamente careca. Podia ver a dor em seus olhos. Não era um olhar violento. Não era o olhar de um bêbado. Era um olhar triste. Alice fitou bem os olhos dele.

— Júlio... A gente precisa parar com isso. A gente precisa se separar. Não quero mais continuar desse jeito.

Júlio olhou para a praia no fim da rua, evitando os olhos de Alice ou responder qualquer coisa.

— A bebedeira. As agressões. Não aguento mais, Júlio.

Ficaram em silêncio até, por fim, Júlio falar baixo e manso:
— É isso?
— Não, não é só isso — disse ela, respirando fundo. — Acho que estou apaixonada por outra pessoa. — E começou a chorar.
Ali estavam eles. Na calçada. Em silêncio.
Júlio virou-se, mexendo-se um pouco na tentativa de não demonstrar emoção, mas por dentro estava devastado.
— Júlio... Não sei direito como te dizer isso... Eu te amo. Amor de verdade, provavelmente mais do que amei qualquer outro homem. Mas preciso fazer isso. Preciso terminar com você.
Agora ele também começava a chorar.
— Quero terminar o disco, não se preocupe — continuou Alice. — A gente volta para São Paulo, como planejado, e faz mais uma música. Estamos quase lá.
Ela tentou reconfortá-lo, mas a situação só parecia piorar.
— Também vou participar dos shows que restam... se você quiser. Não vou fugir.
Júlio não escutou. Ficou apenas parado, paralisado como uma estátua. Depois de minutos que pareceram horas, deu meia-volta e partiu, deixando Alice para trás, indo na direção do primeiro bar que encontrou.

No dia seguinte, voltaram cedo para São Paulo. Júlio estava tomado pela dor e só conseguia pensar em beber. Comprou uma garrafa de vodca no supermercado mais próximo e começou a vagar pelas ruas. Não sabia aonde ir, e percebeu que estava próximo da casa de Monica Figueiredo, a antiga relações-públicas da Pauliceia Desvairada. Eram 11 horas da manhã. Ele tocou a campainha e se surpreendeu de encontrar Monica em casa.

— Júlio! — disse ela, surpresa, ao abrir a porta.

— Você tem uma dessas? — perguntou Júlio, apontando a garrafa vazia de vodca.

— Hummm... tenho. Tá tudo bem?

— Você tem duas dessas?

— Tenho, tenho! Mas... tá tudo bem?

— Você tem todos os discos do Roberto Carlos? — continuou a perguntar.

— É... tenho... acho que tenho quase todos. Entra, Júlio. — Puxou-o para dentro do apartamento, preocupada.

Júlio entrou e se largou no sofá. Monica ofereceu uma garrafa de vodca e apontou para o toca-discos.

— Eu preciso ir trabalhar. Você pode ficar aqui quanto quiser. Tem outra garrafa dessas na cozinha, e ali estão os discos do Roberto — mostrou, antes de fazer uma pausa. — Você vai ficar bem?

— Vou, vou.

— Aqui está meu telefone do trabalho. Ligue se precisar, ok? — falou anotando um número num pedaço de papel.

Júlio se levantou e deu um longo abraço na amiga Monica. Foi então até o toca-discos e colocou um primeiro disco para tocar, *Por isso corro demais*. Monica olhou para Júlio, insistiu que ele poderia ligar a qualquer hora, se precisasse, mas ele não prestou atenção. Quando Monica voltou do trabalho, tarde da noite, Júlio ainda estava no mesmo lugar, diante da vitrola, cercado de discos de Roberto Carlos, além de três garrafas vazias de vodca. "Gatinha manhosa" tocava sem parar.

Júlio não aguentava ficar perto de Alice. Doía demais. Decidiu ligar para a irmã e conversar sobre deixar a ex-namorada de fora dos próximos shows.

— Mas a gente ainda tem um monte de shows marcados.

Tem o show de Santos, mais um dia de *Chacrinha*, e depois o show de ano-novo em Floripa.

— Mas não consigo, Denise. Agora, não. Desculpa. Não dá pra mim.

E esse era o fim. Denise dispensou Alice e foram apenas os quatro para Santos: Júlio, Herman, May e Denise. Para complementar a banda, Áureo de Souza na bateria, Beto Firmino nos teclados e Claudia Niemeyer no baixo. O show era parte de um pequeno festival de música com uma ótima seleção de bandas de rock, punk e new wave. A atração principal era Marina Lima, uma jovem roqueira que tinha se tornado superpopular em 1982. Lobão tocava bateria na banda de Marina e todos os garotos eram loucos por ela. Júlio falava nela o tempo todo.

— O jeito que Marina mistura talento, uma beleza natural e uma voz incrível é demais pra mim! Acho que eu tô apaixonado! — brincava.

Quando a Gang chegou a Santos, o festival tinha acabado de começar. Abrindo o show de Marina, uma banda da cidade chamada Fix. Um grupo de cantoras punk mais barulhentas do que boas, mais divertidas do que estilosas. A líder da banda era uma garota de no máximo 17 anos e cabelos bem curtos. Júlio ficou imediatamente intrigado com ela e empurrou seu corpo esguio até a frente do palco. Fazia tempo que não se sentia tão empolgado com um show, sentindo a energia da banda no palco, dançando, cantando, agitando, gritando, exatamente do que precisava. A garota tinha presença de palco. Com seu cabelo curtinho, de certo modo, ela lembrava Alice. No meio do show, Júlio acenou para chamar sua atenção. Gritou, tentando soar mais alto do que a música.

— EI, GAROTA. EI! Eu sou Júlio Barroso !

A garota andou até a plateia e gritou de volta:

— O QUÊ?

— Quer entrar na minha banda?

Será que ela tinha ouvido direito? Aquele cara comprido e esquisito no meio do show estava chamando ela para entrar em uma banda?

— Sua banda? Claro! — respondeu ela, rindo. E continuou a tocar.

— Ei! Ei, GAROTA! Me dá seu telefone?

— O QUÊ?

— Seu número! De telefone!

Ela ficou surpresa com a pergunta e cheia de adrenalina. Mas... por que não? Gritou seu número para aquele sujeito estranho e se afastou, concentrada na plateia. Júlio imediatamente tirou o caderninho do bolso e anotou.

Um mês depois, deu de cara com essa página do caderno: "243-3845. Garota de Santos. Ótima cantora!" Pegou o telefone e discou. Do outro lado, uma senhora atendeu. Júlio explicou a ela quem estava procurando.

— Ah, Taciana. Espera um minuto.

E ouviu a mulher chamar a garota.

— Oi, comprido, ainda quer que eu toque na sua banda?

E assim eles conversaram, de um jeito tranquilo e amigável. Sobre música, suas bandas preferidas e sobre fazer shows. Falaram por mais ou menos uma hora. Era como se já se conhecessem há anos. Dois dias depois, Taciana pegou um ônibus para São Paulo e foi morar na casa de Júlio. Na semana seguinte, substituiu Alice no programa do Chacrinha. Pouco depois, substituiu-a não apenas na banda, mas também como a namorada de Júlio.

May e Denise estranharam a troca. Mal conheciam Taciana, e de repente lá estava ela cantando e dançando com as Absurdettes, como se estivesse desde sempre na banda. Aquilo não parecia certo. Mas todos viviam uma montanha-russa e não havia tempo para ficar questionando essas coisas. E o público nem percebeu a mudança. Tudo o que queriam era gritar nos shows com "Nosso louco amor" e "Telefone".

A essa altura, Alice estava feliz de sair de São Paulo e se mudar para o Rio com Lobão. Eles logo começaram a montar a própria banda e a compor juntos no apartamento em que viviam, um dúplex de São Conrado. Alice trabalhava em seu teclado Cassio e Lobão na bateria e no piano. Deram à banda o nome de Lobão e Os Ronaldos e, para enfatizar a mudança, Alice decidiu mudar seu nome de Alice Pink Pank para Alice R., como se seu sobrenome fosse *mesmo* Ronaldo. Se arrependera do nome Pink Pank, que no começo lhe parecia bacana, mas depois já não aguentava mais. *R* era mais misterioso e muito melhor. Como estavam começando a banda, precisavam de material e integrantes. Foi então que convidaram Bernardo Vilhena para fazer umas canções e Gato Barros para tocar guitarra e compor com eles. Enquanto isso, Lobão tocaria bateria como músico contratado para ganhar um dinheiro. Saiu em turnê com Marina, tocou em alguns shows de Luiz Melodia e foi até mesmo chamado para um show com a Gang 90.

— O que você acha, Alice? Devo ir?
— Claro! Quando é?
— É um show de ano-novo em Floripa.
— De novo? Bom, acho que você deve fazer. Eu vou estar na Holanda de qualquer jeito, então você vai ter um bom tempo livre. Hahaha!

Os organizadores do show de Florianópolis tinham convidado outros artistas além da Gang 90, expandindo o programa com uma variedade de cantores, incluindo a lenda do soul brasileiro, Tim Maia. Para facilitar — ou piorar! —, a organização decidiu colocar todos os artistas no mesmo voo do Rio para Floripa. No dia 31 de dezembro de 1982, todo mundo se encontrou no aeroporto Santos Dumont. Era quase um milagre que todos tivessem chegado na hora. Houve até tempo para Júlio e Tim Maia fazerem uma aposta:

— Vamos ver quem consegue beber mais uísque antes do embarque? — desafiou Tim, no que Júlio aceitou de imediato. No entanto, rapidamente perdeu a aposta.

No avião, Tim estava sentado atrás de Júlio e Taciana. E não parava de implicar com os dois, chutando as cadeiras e falando alto.

— Quem é esse garoto do seu lado, Júlio? — perguntou, referindo-se a Taciana com seu cabelo curtinho. — Eu não sabia que você era gay, cara! — seguiu implicando. — Gosta de tomar por trás, né?

Júlio era o rei da implicância e reagiu gozando do peso de Tim e de uma série de canções sem sucesso que vinha lançando. Taciana, com seus 17 anos, estava muito impressionada e tímida demais para dizer qualquer coisa. Assim como aconteceu com Alice dois anos antes, ela sentia que tinha entrado em uma montanha-russa impossível de parar. Olhou ao redor e viu um bando de jovens de 20 e poucos anos fumando, bebendo e se jogando uns sobre os outros. Era a primeira vez que passaria o ano-novo longe da família. A banda era um passo enorme para ela. A partir de então, aquela seria a sua família, um bando de músicos malucos.

Lobão também estava no avião, mas se portava de modo mais discreto. Estava meio constrangido com toda a situação em torno de Alice, embora ninguém a mencionasse e todos agissem como se estivesse tudo certo. Na verdade, Júlio estava especialmente afetuoso com Lobão, talvez como forma de disfarçar seu desconforto, e compensava ainda com um carinho excessivo em relação a Taciana.

A Gang estava programada para tocar em um ginásio, e, depois, Júlio tocaria como DJ em uma danceteria da cidade. Antes da apresentação, como de hábito, roubou todas as vodcas de todos os minibares dos quartos do hotel. Bebeu como se fosse água, antes de entrar no carro que os levaria ao show. Assim que subiu ao palco, a banda tocou os primeiros acordes de "Nosso louco amor". Ele tinha realmente se cansado dessa música. Mas o público a amava. Eram jovens ricos e brancos de Florianópolis, vestindo ternos e roupas de baile. A plateia imediatamente começou a cantar e dançar. Júlio não estava a fim de tocar naquela noite. Não aquela música, não para aquela gente. Cantou sem emoção os primeiros versos e deixou que Herman e as garotas terminassem. Ao fim da música, pediu que a banda fizesse uma pausa para que pudesse falar com o público.

— Gente! É incrível estar aqui hoje!

A plateia aplaudiu.

— Este é o segundo ano-novo que tocamos em Floripa, muito bom estar de volta.

Mais aplausos.

— Como alguns de vocês sabem, somos parte de uma seita religiosa especial. E acreditamos que só podemos tocar se houver boas vibrações.

Risos e surpresa.

— Por isso, vamos rapidinho aos bastidores pra juntar todas as boas vibrações e jogar tudo em vocês!

Muitos risos e alguns gritos.

— Já voltamos!

Toda a banda olhava para Júlio espantada. Ele queria mesmo ir aos bastidores depois de tocar apenas uma música? Mas Júlio parecia sério e mandou a banda sair. Atrás das cortinas, reuniu todos e começou a discursar.

— Vocês viram essa galera? Olharam bem pra eles? São garotos! Umas crianças! Adolescentes mimados. Não foi pra isso que fizemos a Gang 90. Isso não é arte. Isso não tem nada de vanguarda. Não é música de verdade, não é o que a gente quer!

— Fala sério, Júlio! — interrompeu Herman. — Vamos tocar. Não dá pra deixar a plateia esperando assim.

— Não vou voltar, Herman. *Sem chance* de passar o ano-novo assim.

Por um instante ficaram todos quietos. Júlio olhou à sua volta e viu as expressões confusas das garotas. Depois de algum silêncio, Lobão se manifestou.

— O Júlio tá certo. É uma galera ridícula. Uma festa ridícula. Vambora sair daqui.

Lobão se aproximou de Júlio, agarrou-o pelos ombros e foram embora juntos, deixando a banda para trás. A dupla pegou um táxi para o hotel e foi direto para o quarto de Lobão. Depois de algum álcool, cocaína e risadas, Lobão ousou falar de Alice.

— Cara, tô me sentindo supermal com toda essa situação — disse, cheirando mais uma carreira.

— Não se preocupa, meu irmão. Estou muito bem com a Taciana.

Lobão olhou pela janela, para a cidade de Florianópolis.

— Essas garotas são demais. São todas tão gatas. Gostosas demais. Tenho vontade de transar com *todas elas*.

Júlio tomou um gole de vodca.

— Total, cara. Eu vivo com tesão, sabe como é.

— Mas aí tem esse negócio de só poder ficar com uma de cada vez. Quem foi que inventou isso?

— Pois é, isso é quase um crime — concordou Júlio, rindo.

Então Lobão acrescentou um argumento "semicientífico".

— Deviam pensar num sistema. Um cronograma, sei lá. Um calendário para dividir as garotas — disse, bebendo sua vodca. — Por exemplo, tô muito apaixonado pela Alice... mas também por uma outra garota.

— Sério? — perguntou Júlio, surpreso.

— É!

— Quem?

— Bom... você sabe que eu toco na banda da Marina, né? Bom... ela é demais. E tão linda. Quer dizer, sei que ela não gosta de meninos, mas eu sou louco por ela.

Júlio soltou o copo, que se estilhaçou no chão.

— Eu também... tô apaixonado pelas mesmas duas, ao mesmo tempo.

— Sério? — perguntou Lobão, gargalhando.

— É, cara. Apaixonado pela Alice *e* pela Marina. Penso nelas o tempo todo.

— Mas você acabou de dizer que...

— Espera! — respondeu Júlio. — Tenho que te mostrar uma coisa.

Correu até o próprio quarto e voltou com uma revista nas mãos. Era a edição da *Playboy* de dezembro de 1981, com oito fotos de Alice nua. As páginas estavam bem amassadas.

— Volta e meia eu bato uma com esta revista. Penso na Alice e na Marina. Juntas! Isso tá me matando. — Júlio se jogou na cama e olhou para o teto.

— Uau. Que coisa, cara — Lobão acendeu um cigarro, meditativo.

Os dois ficaram em silêncio, olhares perdidos no horizonte de Florianópolis.

— Putz!

Lobão não sabia bem o que dizer. Pegou a guitarra e começou a dedilhar. Depois de experimentar umas notas, começou a cantar de mansinho.

— Você está me convidando...

Júlio sentou-se na cama, chegando junto.

— Menina quer brincar de amar...

E continuaram a tocar.

— No escuro do quarto, bela da noite... — cantou Lobão.

— Nas ondas do luar... — acrescentou Júlio.

Essa virou a canção dos dois. Uma canção sobre estarem apaixonados por duas mulheres. Sobre Alice. Sobre Marina. Sobre *ter* duas mulheres. Uma mulher de dia, outra de noite. Naquela noite, compuseram *Noite e dia*, juntos, e nunca voltaram para terminar o show. Nem foram à danceteria em que Júlio tocaria como DJ. De manhã, fugiram do hotel e pegaram um ônibus para São Paulo, escapando do irritado produtor do evento e do furioso gerente do hotel. Júlio não se importava de voltar de ônibus. Estava feliz de ter passado um tempo com seu amigo Lobão, em vez de fazer aquele show estúpido para uns adolescentes mimados. E eles haviam feito uma bela canção juntos.

Chegando a São Paulo, Júlio queria ir direto gravar a música nova, mas o estúdio estava fechado. Então ligou para Herman.

— Foi mal, cara, mas tenho uma coisa pra mostrar! Lobão e eu fizemos uma música incrível em Floripa. A gente queria gravar. Você consegue encontrar a gente no estúdio amanhã?

Herman hesitou, mas acabou concordando. Estava com raiva de Júlio, mas não resistia a seu charme e entusiasmo. Além do mais, queria acabar o disco e seguir em frente. Júlio ligou para outros músicos, além de Tavinho Fialho, Guilherme Arantes e Luiz Fernando, com a mesma pergunta. Todos concordaram. No dia seguinte, gravaram "Noite e dia" e com isso fecharam as dez músicas do álbum.

Era a primeira semana de 1983. A Gang 90 & Absurdettes estava quase desmoronando, mas finalmente tinha concluído o disco.

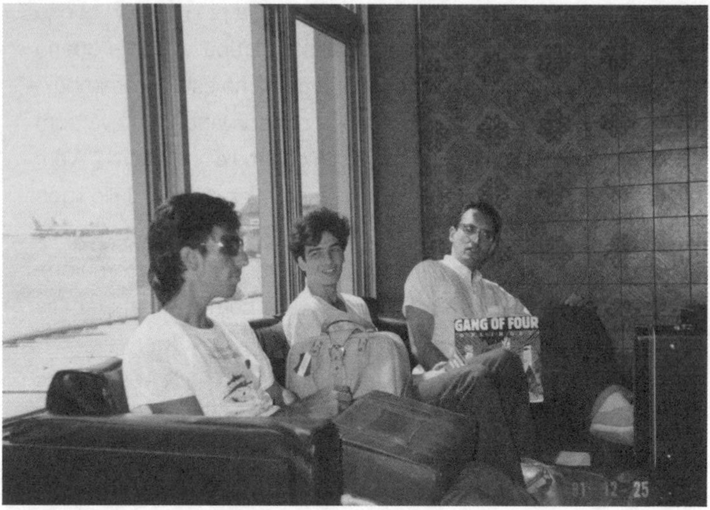
GANG OF FOUR
'81 12 25

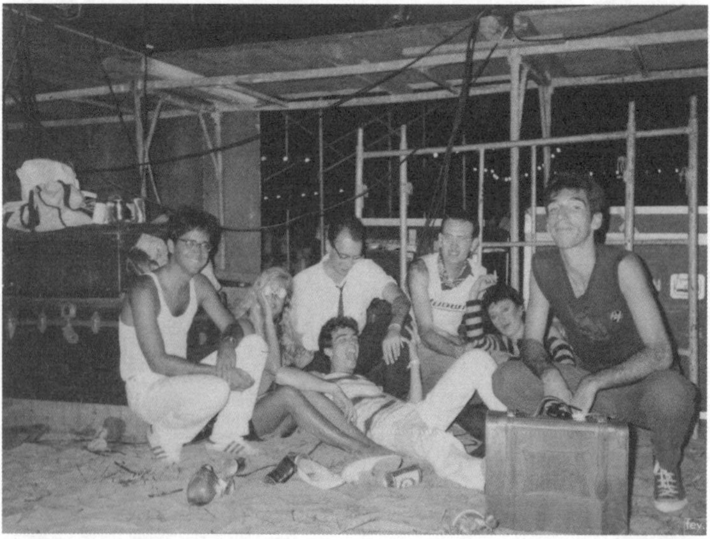
Tev.

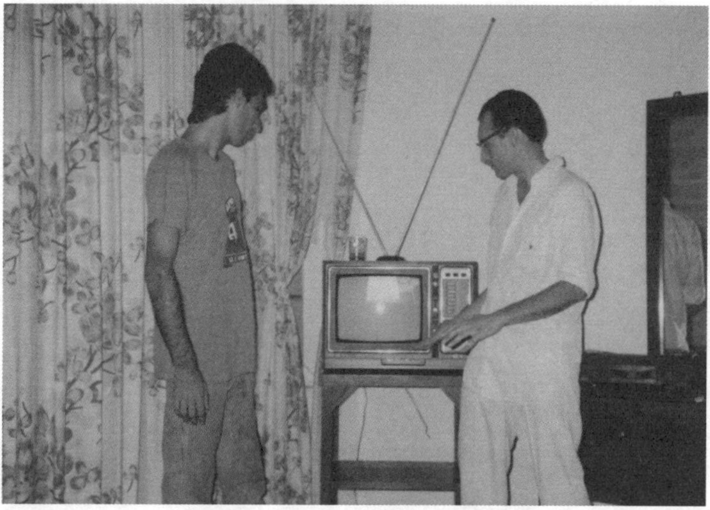

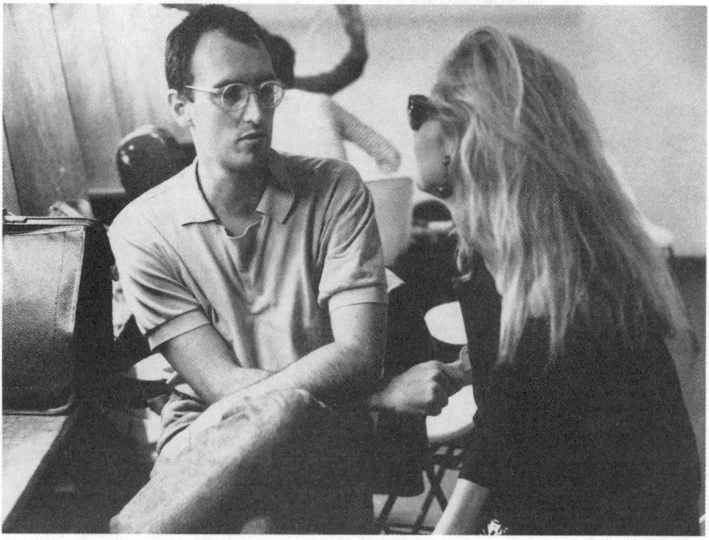

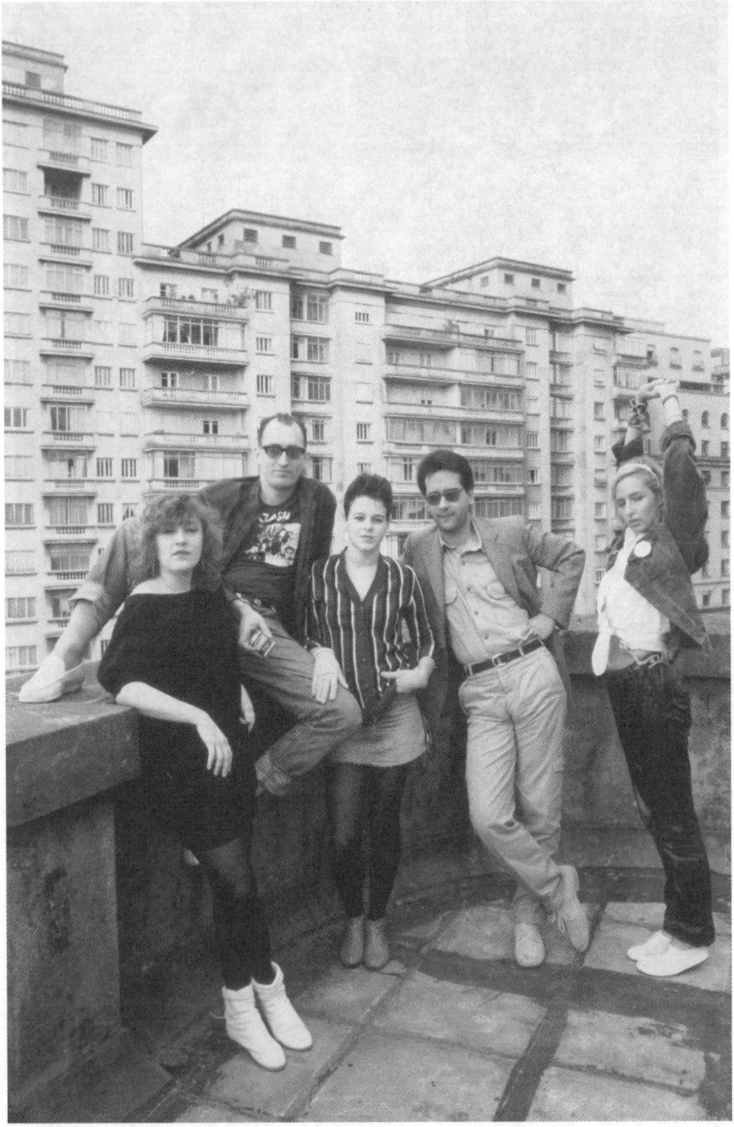

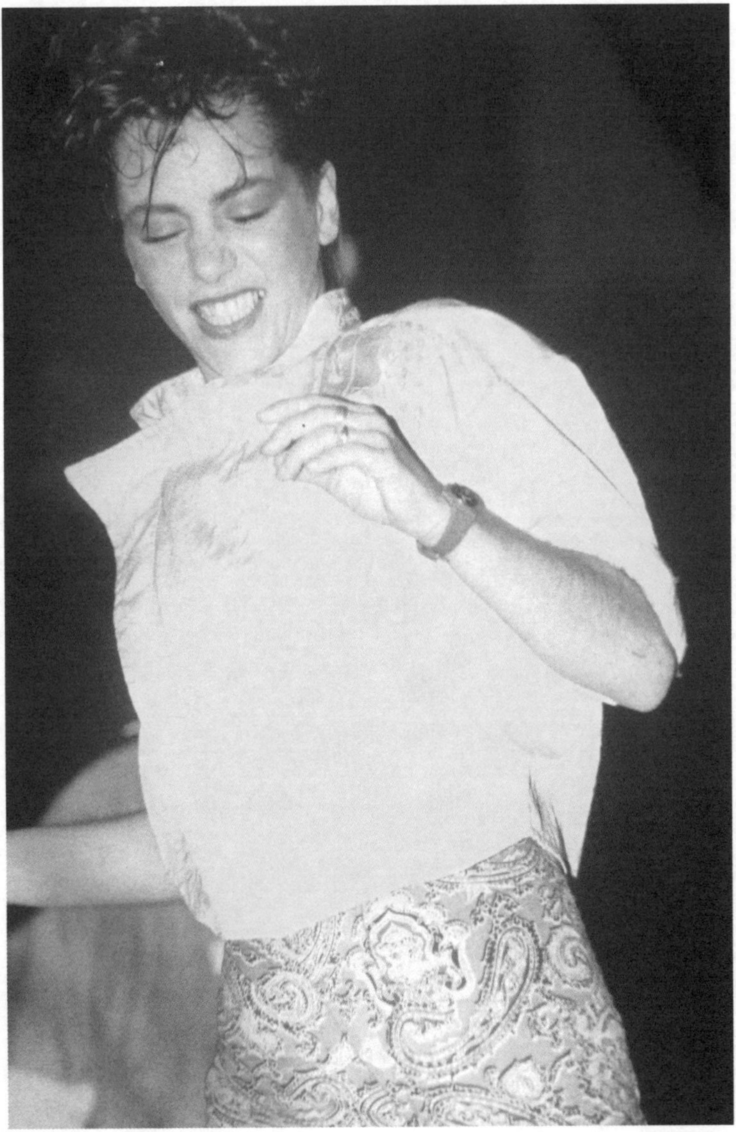

9. Mayacongo
(Luiz Paulo Bello Simas/Júlio Barroso/Luiz Fernando Borges)

My may may ai
Hong Kong
Congo ba

Spray teu nome num muro
Voando pela feliz cidade
Relembro cabarets invisíveis
Canções sussurros só risos
Vivo em plena velocidade
À luz de uma estrela vadia
Corista cantora maldita
Voz Billie blue Holiday

Tua visão videolaser
Instiga tudo qu'eu sou
Desejo de ser teu desejo
Espuma escorrendo de amor
Satisfaço meu sexo sorrindo
As outras me lembram você
Imagem de lábios abertos
Trepada na flor do prazer

E a gente bate e, se liga
É difícil solidão
E o nosso combo tocando
Night and day yuáah
My way may I
My way may I
Hong Kong, Congo ba

© Luz da Cidade Prod. Art.Fono.Edit.Ltda./Universal Publishing Mgb

Da varanda de seu novo apartamento, Alice via o mar. Do quarto, via a floresta tropical. Escutava os pássaros de manhã e via miquinhos à tarde. O Rio era como um sopro de ar fresco — literalmente! — se comparado a São Paulo. Alice estava surpresa ao perceber quanto havia sentido falta de conectar-se com a natureza. Ela e Lobão trabalhavam em casa, criando as canções do primeiro álbum. Formavam um bom time. Musicalmente estavam alinhados, e compor em dupla era muito mais fácil do que o método coletivo da Gang.

— Alice! Tive uma ideia! — chamou Lobão, do quarto, no segundo andar.

— Diga! — respondeu Alice, enquanto Lobão descia apressado as escadas.

— Tava marcando um ritmo animado e pensei numa letra sobre uma garota muito jovem que fica viciada em drogas.

— Bom! Encaixa superbem com o que tô compondo. Escuta essa melodia no sintetizador!

Alice mostrou no que estava trabalhando.

— Podia começar com alguma coisa tipo "E aí, garota!", ou... talvez em italiano, "E aí, bambina!".

— Legal. Bambina, gostei. Bambina! Funciona — respondeu Lobão, experimentando a palavra "Bambina" de várias maneiras.

Enquanto isso, em São Paulo, Júlio vinha escrevendo bastante. Tinha parado com o processo de composição coletiva, o que rapidamente aumentara sua produtividade. Trabalhava na sala, no 13º andar, em seu apartamento em Santa Cecília, com vista para o Minhocão. Taciana praticava guitarra no quarto. Júlio por vezes inventava de fazer surpresa para ela, como quando saía pela janela da sala e, andando pela balaustrada do prédio, ia até a janela do quarto, aparecendo para lhe dar um susto.

— Júlio! Não faz isso! — respondia ela, rindo ainda meio aflita. — Você me assusta! Cuidado! Pode acabar se machucando!

Ele ignorava os apelos, olhando para fora da janela.

— Que vista linda, Taciana! Consigo me imaginar voando feliz sobre a cidade!

— Tá... ótimo... mas, Júlio, por favor, sai daí!

Júlio abria a janela por fora e pulava para dentro do quarto. Com dois passos, estava ao lado dela, dançando com ela, levando-a para a cama.

— Quero fazer sexo com vista pra cidade! A gente devia colocar a cama na janela.

Taciana sorriu, mas concordou. Levaram a cama para perto da janela aberta e fizeram amor. Ela tinha apenas 17 anos, mas era bem madura comparada a outras garotas. Dava um novo sentido à vida de Júlio e lhe trazia serenidade. Era amável e cuidadosa, sem ficar muito em cima. Além disso, tinha bom faro, além de um bom ouvido para novas bandas que vinham surgindo. Ao longo de 1983, a cena new wave e punk de São Paulo explodiu. Bandas como Ira!, Cabine C, Titãs e Ultraje a Rigor estavam tocando e Taciana sabia exatamente o que era bom e o que não era. A Gang, apesar de só existir há pouco mais de dois anos, já era quase uma veterana. Quando Taciana e Júlio saíam para beber, encontravam músicos das bandas mais novas. Ele ficava surpreso ao ouvir que esses jovens todos adoravam a Gang. Sabiam as letras e diziam ter visto os shows.

— Seria ótimo se você escrevesse uma música pra gente — dissera Ciro Pessoa, da Cabine C, para Júlio certa noite, no Lira Paulistana.

— É, cara, mas a gente devia escrever junto!

Alguns dias depois, Júlio encontrou Ciro, e, juntos, compuseram "Inundação de amor", que acabou sendo gravada pelo Ira!. O mesmo aconteceu no Rio quando Júlio encontrou May East e seu novo namorado, o cantor e guitarrista Leo Jaime.

— Você conhece o Roberto Frejat, do Barão Vermelho, né?
— perguntou Leo.

— Sei, sei. Os caras são bons!

— Ele tava procurando alguém pra escrever músicas. Me convidaram, mas tocam pesado demais pra mim. Talvez funcione com você.

— Legal. Parece uma boa. Vou ligar pra ele.

Assim, Júlio encontrou Frejat e fizeram, juntos, "Sonhos que dinheiro nenhum compra", verso tirado de um poema de Jorge Salomão.

Lobão e Alice também chamavam outras pessoas para compor músicas novas. Estavam trabalhando em uma música de nome "Corações psicodélicos", mas tinham empacado. Ligaram para Bernardo Vilhena, convidando-o para se juntar a eles. Encontraram-se na casa de Lobão e Alice, beberam uísque e conversaram sobre o que já tinham.

— Escrevi esse verso "Gosto muito do seu jeito, qualquer nota bossa nova" — começou Lobão —, mas não sei pra onde ir depois. Tô empacado.

— Hummm... É, saquei...

Bernardo começou a cantarolar e testar umas palavras, pensando alto.

— Que tal... Toca de novo...

Lobão cantou de novo o trecho que tinha "Gosto muito do seu jeito, qualquer nota bossa nova"...

— "Bossa nova qualquer nota", aí... hummm... "Eu quero"... "Eu quero... você na veiaaaaaaa".

— Legal! — falaram Lobão e Alice ao mesmo tempo.

Bernardo voltou ao começo e repetiu:

Gosto muito do seu jeito
Qualquer nota bossa nova
Bossa nova qualquer nota
Eu quero você na veia

— "Eu quero você na veia" é demais, Bernardo!
— É... quem me falou? Não é meu, eu acho... não tenho certeza... Será que é do Júlio?
— Parece muuuuuito coisa do Júlio — disse Alice.
— Total — concordou Lobão.
— Acho que é. Quase certeza. A gente devia ligar e perguntar se pode usar — propôs Bernardo.
— A gente não tem telefone — disse Lobão.
— Mas pode pedir pro vizinho! — sugeriu Alice.

Assim, Bernardo foi até o vizinho ligar para Júlio em São Paulo. Taciana atendeu.

— O Júlio tá no Rio. Tenta ligar pro Antônio Carlos Miguel, ele deve estar lá.

Bernardo ligou para Antônio Carlos e, para sua surpresa, Júlio atendeu à ligação. Animado, Bernardo explicou a situação.

— Vocês ainda estão escrevendo? — interrompeu Júlio, no meio da explicação.

— Estamos aqui.

— Na casa do Lobão, em São Conrado?

— Isso.

— Beleza! Tô pegando um táxi, já chego aí. — E desligou o telefone.

Em menos de meia hora tocou a campainha.

— Oi, gente! — falou entrando no apartamento aos tropeços, com uma garrafa de vodca.

Alice sorriu. Tinha visto Júlio uma ou duas vezes depois de terem terminado. Em um show de new wave no bar Crepúsculo de Cubatão e na festa de um amigo... Naqueles encontros, ele fingiu um pouco bem demais que estava ótimo. Mas Alice o conhecia. E ali estava ele de novo, entrando na sala, o cara que tinha arremessado a vida dela em um redemoinho. O doido do Júlio. Dessa vez o sorriso dele pareceu sincero. A energia pareceu autêntica.

— O que vocês já têm? Mostra, mostra! — pediu, com a habitual mistura de entusiasmo e irritante ansiedade.

Os outros três tiveram que rir. Passaram o resto da noite conversando, bebendo, escrevendo e tocando juntos. De manhã, tinham uma música nova. "Corações psicodélicos" virou faixa de abertura do primeiro álbum de Lobão e Os Ronaldos, assim como seu primeiro hit.

Ao longo de 1983, a demanda de shows para a Gang 90 continuou alta. Em abril, a novela *Louco amor* começou a passar no horário nobre, com "Nosso louco amor" como tema de abertura. Júlio gostava cada vez menos de fazer shows. Essas cidadezinhas com público adolescente... Pra quê? Mas os contratos estavam assinados e as promessas feitas. Além disso, Taciana ainda estava empolgada em viajar pelo país. Nunca tinha estado no Nordeste, e ficou muito feliz quando Herman deu a notícia de que tinha arranjado uma pequena turnê em Alagoas. A maior parte da banda ficou animada e logo começou a montar a formação para a turnê. Além dos habituais Júlio, Taciana, Denise, Herman e May East, acrescentaram Claudia Niemeyer no baixo, Áureo de Souza na bateria e Beto Firmino nos teclados. Até o produtor Luiz Fernando juntou-se a eles!

Mas os preparativos para a turnê foram caóticos. Só metade da banda apareceu nos ensaios e vários dos integrantes quase perderam o voo. Além disso, Manuel, o jovem produtor local dos shows em Alagoas, era completamente desorganizado, usava mais drogas sozinho do que toda a Gang junta e ficou completamente apaixonado pela beleza de May East. Ele não tinha a menor ideia do que estava fazendo. A qualidade do equipamento que havia alugado era péssima, e, para piorar, eles precisaram carregar o equipamento inteiro com eles na turnê. Viajaram em uma Kombi, pequena demais para a banda e o equipamento. E, como se não bastasse, tiveram de carregar galões extras de gasolina, caso acabasse. Não havia garantia de postos na estrada. No caminho para um show na cidadezinha de Penedo, o clima foi ficando cada vez mais tenso e estavam todos irritados.

— Denise! Dá pra parar de fumar do lado da gasolina, por favor? — reclamou Herman, irritado.

— Não posso, Hermannnnn!

— Para, bicho! Não quero morrer numa explosão!

— Para de surtar, Herman — interveio Júlio, escolhendo o lado da irmã. — Deixa ela fumar o cigarro dela.

— Vocês podem parar de brigar? Tô ficando com dor de cabeça — interrompeu May East.

Mas a briga não parava. Chegou a tal ponto que Herman pediu a Manuel que saísse da estrada e parasse na primeira cidade que visse pela frente.

— Já estamos atrasados, Herman! — disse Taciana. — Precisamos tocar às oito. Ainda temos uma hora de estrada, pra depois ainda instalar o equipamento, fazer a maquiagem, e já está ficando escuro!

— O que eu faço? — perguntou Manuel, nervoso.

— DIRIGE! — gritou a maioria dos passageiros da Kombi.

— PARA! — gritou Herman.

Manuel decidiu seguir seu principal contato e camarada alagoano, Herman. Saiu da estrada e entrou na Praia do Peba, uma cidadezinha costeira no cruzamento entre o rio São Francisco e o mar. A cidade parecia deserta. Quando viram uma mulher na beira da estrada, perguntaram se ali havia algum bar.

— Só um, lá na praia. Mas não tem estrada, precisa dirigir na areia pra chegar.

Manuel dirigiu a Kombi pela areia, na direção do tal bar.

— Vira aqui, Manuel, pra Kombi já ficar na direção certa na hora de ir embora — sugeriu Áureo.

Manuel seguiu na direção da água para virar o carro, mas chegou perto demais do mar. A Kombi atolou.

— Tenta dar ré agora — disse Áureo, tentando manter a calma.

O motorista tentou com afinco, mas a Kombi atolava cada vez mais. Não andava para a frente nem para trás. Muitos suspiros e muita irritação, enquanto Denise acendia mais um cigarro.

— Para, Denise! — repetiu Herman.

— Não paro! — repetiu Denise.

— Tenho medo de água — disse a tímida Claudia, de repente.

— Anda com essa Kombi! — berrou Herman, ignorando Claudia.

Júlio não aguentava mais. Se arrastou para fora da Kombi e pisou na areia. A água vinha até o joelho. Andou na direção oposta à do mar e entrou no bar, sem dizer uma palavra. Taciana foi atrás, e May decidiu fazer o mesmo. Mas, saindo da Kombi, escorregou e caiu direto dentro d'água. Ficou encharcada.

— Meu Deus... que desastre — resmungou.

Só Manuel e Herman ficaram no carro, tentando tirá-lo dali. Meia hora se passou enquanto a maré subia e a Kombi parecia ser engolida cada vez mais pelo mar. Alguns locais se juntaram para ver o espetáculo, e foi só com a ajuda de pescadores que conseguiram arrastar o carro para fora d'água. Júlio, Denise e Taciana se divertiam enormemente vendo os esforços de Herman e de seu amigo Manuel. Ficaram no bar da praia bebendo uísque ruim e rindo. Quando a Kombi foi finalmente resgatada, ninguém queria dirigir mais uma hora até Penedo, muito menos fazer um show. Com muita persuasão, Herman convenceu a banda a entrar na Kombi e continuar a jornada. Ele tinha organizado a turnê, eram os contatos dele, sentia-se responsável. A Gang finalmente chegou à casa de shows às onze, instalou o equipamento e começou a tocar à meia-noite. Fizeram um show curto e constrangedoramente ruim. Muita gente da plateia reclamava, pedindo o dinheiro de volta. A cidade quase nunca tinha bandas de São Paulo e estavam todos na expectativa havia semanas. Mas tudo que tinham visto era menos de quarenta minutos de músicos tocando mal, entediados e bêbados, cantando as mesmas músicas sem parar.

— Quero meu dinheiro de volta! Devolve meu dinheiro! — começou a gritar a plateia.

A Gang teve de fugir da casa de shows, e mesmo da cidade, antes que todos fossem agredidos. Voltaram para Maceió, onde estavam hospedados em um sítio de coqueiros, o Carababa, de frente para o mar, na beira de uma praia deserta. Era a casa de um fotógrafo alagoano, Celso Brandão, e um ambiente completamente diferente da cidadezinha onde haviam tocado. No entanto, a irritação e as brigas continuaram no dia seguinte.

— Não vou cantar *aquela* música de novo! — declarou Júlio.

— Bom, aquela música dá muito dinheiro! É um hit. A plateia adora! — respondeu Herman.

— Também não vou cantar mais — concordou Denise.

— A gente tem muito material novo bom — interveio Taciana. — Não precisa mesmo continuar tocando essa!

— Fala sério! A galera compra ingresso pra ver a gente tocar *aquela* música!

— É? Não é por "Telefone"? "Perdidos na selva"? Só *aquela*? Fala sério, Herman! — brigou Denise.

Aquilo era demais para May. Ela estava assistindo a todas as brigas e sentia-se cada vez menos conectada com a banda. Sentia saudades de Alice. Dos amigos da videoarte, dos experimentos da TV Tudo. Principalmente, sentia saudades de ser criativa e cheia de energia. Silenciosamente, ela se levantou sem que ninguém notasse, escapuliu da casa para a praia. A maré estava baixa e o sol quase se punha. Na praia quieta ouvia-se apenas o som calmo das ondas. May andou pela beira do mar até o ponto em que um rio de água doce dividia a praia em duas. Sentou-se e viu o céu ficar azul-claro, e então amarelo, e laranja, e avermelhado, antes de escurecer. Deitou-se, abrindo os braços, olhando para o céu. As ondas faziam cócegas nas solas de seus pés descalços, produzindo uma sensação agradável, o que a fez sorrir. Lágrimas surgiram no canto de seus olhos, enquanto se lembrava dos belos momentos vividos nos últimos anos. Ainda viu gaivotas voando lentamente pelo céu antes de a noite cair em escuridão total. Ali, naquele momento, soube o que precisava fazer. Naquele lugar de tanta beleza, tomada por uma imensa espiritualidade, sentiu o poder da natureza a rodeá-la. Naquele exato instante, decidiu abandonar a Gang 90. E foi o que fez.

Voltando a São Paulo, Júlio fazia planos para o futuro. Não tinham shows marcados para as próximas semanas, e ele aproveitou para refletir sobre os próximos passos. Sentia falta da criatividade dos tempos de Nova York e do início da Pauliceia Desvairada.

— Acho que precisamos reestruturar a Gang — disse para Taciana.

— Boa ideia. Mandar o Herman embora, talvez? — sugeriu ela, cuidadosamente.

— É... Talvez a Denise também. Sei que ela é minha irmã, e eu amo a minha irmã, mas ela não canta tão bem. Precisamos profissionalizar a banda. Quero trazer uns músicos novos, sangue novo.

O lançamento oficial do primeiro álbum, *Essa tal de Gang 90 & Absurdettes*, passou despercebido. Júlio e Taciana tinham começado a trabalhar no disco novo, *Rosas e tigres*. Convidaram Guto Graça Mello para a direção artística, enquanto Júlio escrevia a maioria das músicas sozinho, às vezes com Taciana e Roberto Firmino. Fora isso, andava muito com o cantor Eduardo Dussek. Dussek tinha uma qualidade vanguardista que Júlio apreciava. Algo alegre, um desejo urgente de conectar-se com o público ao fazer coisas inusitadas. Eles tinham gravado uma música juntos, "Ele não sabia de nada", e estavam planejando fazer shows juntos também.

— Fui abordado por um cara que quer começar uma nova casa noturna — disse Júlio para Dussek, animado. — Ele perguntou se eu e May East toparíamos fazer a direção artística e a programação.

— Que ótimo! A gente pode tocar lá?

— Claro. Estou pensando em fazer como uma nova Pauliceia Desvairada, mas completamente diferente. Um espaço para artistas, músicos inusitados, DJs, música nova... vai ser muito maneiro.

— Legal! Conta comigo. Qual vai ser o nome?

— Hong Kong!

Júlio nunca estivera em Hong Kong, mas tinha ficado impressionado com o filme *Blade Runner*, que soubera ter sido baseado na cidade. Deckard, interpretado por Harrison Ford, era um personagem maravilhoso. Júlio imaginava que sua nova danceteria seria o lugar onde Deckard se sentiria em casa. O lugar seria como uma Hong Kong paulista.

— Quero que exploda de tanta energia. Quero estrelas e luzes piscando no ambiente. Quero que as pessoas grafitem seus nomes pelas paredes. Quero cabarés. Quero garotas que cantem como Billie Holiday. Quero que seja o futuro. Quero que seja como eu imagino que Hong Kong é.

O lugar ficava em uma pequena casa modernista na rua Ministro Rocha Azevedo e era gerenciada por um sujeito entusiasmado que havia encontrado May East e falado da ideia de abrir algo novo. Ela ficou imediatamente empolgada e convidou Júlio para juntos pensarem em algo bacana. May podia ter abandonado a banda, mas ainda era bem amiga de Júlio. Sabia que ele tinha um bom faro para novos talentos e, mais ainda, uma ótima noção de estilo. E ele era divertido. Seria certamente um sucesso.

Abriram as primeiras noites com grande entusiasmo. May trouxe os velhos amigos da videoarte para mostrar seus últimos trabalhos e Júlio pediu ao amigo Tavinho Paes que apresentasse seus novos poemas. Júlio e Tavinho chegaram a escrever juntos uma música nova depois da apresentação, "Uma noite em Hong Kong", que acabaria sendo gravada por Rita Lee. Por um momento pareciam os velhos tempos, uma mistura vanguardista de música, poesia e arte. Mas aquilo durou poucas noites. Antes que pudessem perceber, a danceteria fechou as portas. O entusiasmado dono da casa revelou-se um sujeito falido e nunca chegou a pagar o aluguel, tampouco a conta de luz. Também não pagou nenhuma das pessoas que se apresentaram, e deixou May e Júlio de mãos abanando. Depois de meses de reclamação e ameaças de processo, o sujeito ofereceu um tapete persa para May, na tentativa de compensar a perda financeira. Ela aceitou, com raiva, e nunca mais o viu.

Júlio estava decepcionado. Tinha grandes esperanças de sucesso na Hong Kong, mas a coisa não tinha dado certo. Será que ele tinha perdido o jeito? Estava desconectado do que era novo, interessante e moderno? Júlio começou a escrever menos e a beber mais. Estava sempre de mau humor e muitas vezes se sentia doente. E ainda era obrigado a voltar a tocar com a Gang, o que não queria de jeito nenhum.

— Eu realmente não tô mais a fim de fazer shows — dizia para Taciana, caindo de bêbado.

Taciana estava preocupada. Júlio podia ser insuportável quando bêbado. Barulhento e agressivo. Mas, recentemente, ele estava apático, paralisado como uma múmia, não fazendo mais nada além de beber shots atrás de shots. Estava irreconhecível.

— Júlio, meu amor, não quero te passar sermão, você deve fazer o que quiser, mas talvez... talvez você pudesse maneirar na bebida por um tempo — sugeriu Taciana, com cuidado e delicadeza. — Tenho certeza de que vai se sentir melhor se beber menos, ou até se parar um pouco... Vai voltar a ficar mais criativo. Vai ter vontade de escrever de novo. E tenho certeza de que vai se animar para tocar novamente.

Júlio olhou para o teto, quieto. Taciana tocou seu ombro e se aproximou para abraçá-lo. Ela podia sentir sua tristeza. Ele acolheu o abraço e sussurrou:

— É... você tá certa. Depois do próximo show, depois de Santos, eu paro de beber.

Desde a volta de Alagoas, Herman não tinha mais encontrado o pessoal da banda. Ele recebeu a notícia do show de Santos e viajou para lá sozinho. Quando chegou, deu entrada no hotel e foi encontrar o restante da Gang na hora do jantar. Júlio já estava completamente bêbado, sentado numa mesa e cercado de um monte de gente.

— Maniiiiiii! — chamou em voz alta ao ver Herman.

Esse era o apelido de Herman em Maceió, e Júlio sabia que ele não gostava. Era seu melhor jeito de implicar com ele. Herman tomou uma sopa rápido, cumprimentou Taciana, Denise, Áureo de Souza, Claudia Niemeyer e Beto Firmino e voltou para o quarto. Tinha muito mais gente ao redor da mesa, mas Herman não fazia ideia de quem eram aquelas pessoas. Também não estava interessado.

Júlio, por outro lado, estava adorando o jantar. Não estava animado com a viagem, mas Taciana o surpreendera, convidando vários dos seus amigos de Santos para encontrá-los. Eram jovens, aventureiros e bonitos. Brincavam, falavam de música, flertavam e conversavam. "É pra ser assim", pensou Júlio. "É disso que eu preciso. Algo inesperado e bom."

— Vamos pedir champanhe! Pra todo mundo! — gritou Júlio.

— A gente tem como pagar? — sussurrou Claudia para Áureo, já temendo outro conflito no hotel, como vivera tantas vezes antes.

— Acho que tudo bem — sussurrou Áureo. — A gente vai ficar com toda a renda da bilheteria, e a casa de shows, que é enorme, já tá com os ingressos esgotados. Capaz de a gente até ganhar uma grana. Pelo menos dessa vez.

Assim, seguiram bebendo, comendo e curtindo como se estivessem na corte de Luís XIV da França. Quando chegaram à casa de shows, por volta da meia-noite, a maioria deles já estava caindo de bêbada, mas o imenso lugar estava lotado de fãs, então eles capricharam na apresentação, sabendo que seus bolsos estariam generosamente cheios no fim da noite.

Quando o show finalmente terminou, o produtor havia desaparecido com todo o dinheiro. E não havia como encontrá-lo.

— O quê? — perguntou Herman, furioso. — Como assim?

Ele saiu do local do show e voltou ao hotel, sem esperar por uma resposta. Ao chegar, o gerente do hotel, ainda acordado, perguntou sobre a enorme conta de comidas e bebidas.

— Você vai pagar essa conta, sr. Torres?

— Não, não vou. É o outro cara. Aquele alto, de óculos, sem o dente da frente.

Herman subiu para o quarto e, ainda irritado, pegou no sono. De manhã, foi acordado por batidas fortes na porta. Esfregou os olhos e se levantou para atender.

— Sr. Torres! Quem vai pagar a conta do hotel? — Era o mesmo gerente da noite anterior, com a conta na mão. — O jantar? Os quartos? E todos os minibares?

— Já falei! O cara alto! De óculos! Sem o dente da frente! Te disse ontem!

Herman tentou fechar a porta, mas o gerente o impediu.

— O cara alto de óculos sem dente nunca voltou pro hotel. Nem a namorada dele. Nem os outros amigos. Só tem VOCÊ aqui. E VOCÊ vai ter que pagar!

"Puta que pariu!" A banda toda, exceto Herman, tinha pegado o ônibus logo de manhã para São Paulo, fugindo para não pagar a conta do hotel. Herman foi feito de refém pelo gerente, enquanto os outros chegavam em casa. Mas ele se recusou a pagar. Por que deveria limpar a bagunça dos Barroso? O hotel devia encontrar Júlio e obrigá-lo a pagar. Mas o hotel não encontrou, e, a certa altura, Herman teve de ligar para Hélcio na RCA e pedir ajuda.

— É a última vez, Herman! Sério. A gente aqui não aguenta mais a Gang. O álbum está péssimo nas paradas e só estamos fazendo isso por causa de "Nosso louco amor"! — gritou pelo telefone e desligou antes de se despedir.

Júlio tinha gostado da loucura temporária em Santos, mas em São Paulo caiu na mesma depressão de antes e continuou bêbado todos os dias.

— Olha, Júlio. Você não acha que deveria parar de beber?

Júlio continuava em silêncio. Era difícil pensar em viver sem bebida. Mesmo assim, depois de mais uma semana de mau humor e falta de criatividade, ele precisava concordar com Taciana. Deu um último gole no Jack Daniel's, esvaziando o copo, e o colocou virado de cabeça para baixo sobre a mesa.

— Pronto.

No dia seguinte, foram ao estúdio trabalhar em mais uma música. Taciana havia trazido novos músicos na tentativa de terem ideias frescas. Paulo Lepetit foi contratado como o novo baixista e Gilvan Gomes como o novo guitarrista. Da banda original só restava o Gigante, na bateria, como uma lembrança amigável do passado. Júlio parou de cantar de repente.

— Não estou me sentindo bem hoje, Taciana.

— É grave? — perguntou ela, preocupada.

— Não, nada... Só meio enjoado.

— Volta pra casa e descansa. Te vejo mais tarde por lá, tá?

Ele se despediu com um beijo e foi para casa. Assim que entrou no táxi, sentiu vontade de vomitar. Felizmente, conseguiu abrir a janela a tempo de vomitar na rua e não dentro do carro.

— Tá tudo bem, amigo? — perguntou o taxista.

— Tá, tá — resmungou Júlio. — Só me leva pra casa.

Era um dia quente e úmido, apesar de estarem no inverno. Quando Júlio chegou ao apartamento, abriu todas as janelas e correu para a cama. Ficou lá por um tempo, suando e delirando. Estava sonhando acordado, imaginando um monte de gente nua fazendo sexo a sua volta. Um sexo alegre, transbordando amor, mas ele não queria participar. Bocas abertas, línguas que lambiam, corpos se esfregando uns nos outros. Mas Júlio se sentia enjoado. Uma onda de vômito subiu do esôfago para a boca.

Estava cansado demais para sair da cama e ir até o banheiro, então se inclinou na janela. Um pouco de vômito caiu na balaustrada. "É melhor eu limpar antes que a Taciana chegue." Ao se afastar, voltou a sentir náuseas. Inclinou-se mais para a frente na janela, evitando atingir a balaustrada. Colocou a cabeça mais para fora, ficando tonto. Sem perceber, foi perdendo o equilíbrio, até seu corpo ser lançado no ar pela janela do apartamento. Por um segundo, tentou se agarrar ao parapeito, mas por poucos milímetros não conseguiu. Em queda livre, balançava os braços tentando se agarrar ao que fosse possível. Como num milagre, conseguiu se segurar no toldo da varanda do vizinho de baixo, interrompendo a queda abruptamente. Estava completamente apavorado, olhando o horizonte de São Paulo. Ali estava ele, pendurado a 50 metros do chão. Como o personagem de Harrison Ford em *Blade Runner*. Em vez de uma barra de aço sobre os prédios de Hong Kong, era um toldo quebrado em São Paulo. Deckard talvez fosse resgatado por um replicante, mas onde estaria o resgate de Júlio? Quem o salvaria? Começou a gritar por ajuda, olhando para baixo e à sua volta. Foi então que ouviu o barulho do toldo se rasgando lentamente, por conta da gravidade e do peso. Diante de si, viu de repente uma pessoa correndo até a janela para tentar alcançá-lo.

— Socooooorrooooo! Por favoooooor! — gritou Júlio, desesperado.

Naquele momento, o toldo não aguentou mais o peso. Soltou-se da parede, rasgando-se no meio, e despencou na direção do chão, levando o corpo de Júlio. Ele gritou o mais alto que pôde, mas a queda durou apenas alguns segundos. Bateu de cabeça no asfalto. Morreu instantaneamente.

Foi tudo tão rápido, ninguém o viu chegar ao chão. Alguns segundos antes, estava diante dos olhos assustados de Júlio, os olhos de um homem prestes a morrer. Agora, seu corpo estava no chão, sem vida, na frente do prédio.

Era o dia 6 de junho de 1984 e Júlio Barroso estava morto. Ele tinha 31 anos.

Alice chegou do estúdio e encontrou, na porta, um bilhete do vizinho. "Ligue para Denise Barroso. 11 651-0033. URGENTE!" Alice se perguntou o que seria. "Ligar para Denise? E por que a urgência?" Tocou a campainha do vizinho, mas ninguém atendeu. Desceu as escadas até a rua, à procura do orelhão mais próximo, e discou o número de Denise. Quando ela atendeu, Alice apenas podia escutar o choro incessante do outro lado da linha.

— Denise? O que aconteceu?
— Ele morreu, Alice — disse, chorando.
— O QUÊ? — gritou Alice.
— Ele morreu, Alice. O Júlio morreu.

Naquele momento, Alice sentiu o chão se abrir sob seus pés. Ela largou o telefone e caiu ao lado do orelhão. Ali ficou, sentindo toda a vida se esvair de seu corpo. Não podia acreditar.

10. Spaced Out in Paradise
(Clive Stevens/Júlio Barroso)

Spaced out in paradise
Honk tonk teclados verticais
Dada globe orixás
Hully gully guitarras palmeirais
Candomblé transcendental
Beatnick rastafari kanibal

Zoom navalha corta um globo
Lâmina luz olhar
Desenhando um poema
Corpo nu deusa lunar

Escarlates vendavais
Swing sopros flautas vertebrais
Vídeo zen cometa nô
Hulla hulla telecoteco tao
Carros cores calor noturno
Camisas abertas tatuagem suada
Eu quero tudo o que há no mundo
Pernas quentes morenas suadas

Era impossível que um deles morresse. E, de todos os membros da Gang, foi Júlio. Aquele que transbordava vida por todo o corpo. O fundador deles, a força motriz do grupo, a fonte inexaurível de energia. Era impossível. Júlio não podia morrer. Ele era tão cheio de vida. Foi por isso que a maioria dos amigos simplesmente não acreditou.

— Eu vou sair com ele amanhã! — respondeu May, incrédula.

— A gente vai acabar o álbum semana que vem! — disse Taciana.

— Não é verdade. Simplesmente não pode ser verdade — murmurou Denise.

Alice estava completamente desnorteada. Ela não fazia ideia de como lidar com a situação. Não era do tipo que se encolheria num canto, se escondendo do mundo para digerir as emoções da tragédia. Também não era do tipo que teria conversas sérias para lidar com a perda de modo coletivo. Mas precisava digerir o choque. Tentou conversar com Lobão, mas ele não era um cara receptivo a tristezas. Era distante e fechado emocionalmente. Assim, Alice procurou o álcool para fugir da dor e a cocaína para encontrar energia.

Dois dias depois de Júlio cair da janela, seu corpo foi transportado para o Rio, onde ocorreu o velório. Bernardo Vilhena combinou de acompanhar Alice e foram juntos ao cemitério. Ela estava entorpecida e mal tinha dormido nas noites anteriores. Quando chegaram, Alice viu Herman de canto de olho, conversando com o irmão de Júlio, David. Ignorou a cena e continuou em frente, ao lado de Bernardo. Seguiram um grupo grande de pessoas, andando na direção do túmulo. Alice olhava ao redor. "Quem são essas pessoas? Amigos do Júlio! Tanta gente que eu não conheço!" Apenas depois de algum tempo, notaram que tinham entrado no cortejo errado. Alice riu alto, mas chorava por dentro. Lágrimas de álcool e cocaína escorriam sobre seu rosto. Começou a falar à toa, sem saber o que dizia. Não era a única. Ninguém sabia como se portar. Estavam todos confusos. Todos cansados. Todos bêbados. Todos entorpecidos.

Depois do velório, o pai de Júlio se aproximou dos amigos do filho com um sorriso triste.

— Meu filho teria amado ver todos vocês juntos. Que bom ver vocês aqui, bebendo e conversando — falou, como se estivesse em um comercial de TV. — Meu filho teria adorado. Ele amava a vida!

Alice podia ver que a família estava completamente destruída. Num dado momento, ela não aguentou mais e quis se afastar. Foi embora com Bernardo, que disse:

— Talvez a gente devesse descansar. Foram dias longos e cheios de emoção. Vamos sair um pouco da cidade, uns dias no campo vão fazer bem pra gente, tenho certeza.

— É... — respondeu Alice. — Pode ser bom.

Na manhã seguinte, Bernardo e Isabela foram buscar Alice e Lobão para irem a São Lourenço, Minas Gerais.

— Como é lá? — perguntou Alice, no carro.

— É um lugar ótimo — respondeu Bernardo. — Natureza linda, comida boa. E a cidade tem um belo cassino antigo.

— Ah, que legal — disse Alice, sem entusiasmo.
— Como é o hotel? — perguntou Isabela.
— Dizem que é lindo! Tem uns banhos termais, bom pra relaxar. E o JK ficou hospedado lá!
— Sério? — disse Isabela.
— E a Martha Rocha! — acrescentou Lobão.
— Quem é Martha Rocha? — perguntou Alice.
— Ah, uma piranha qualquer que quase foi a primeira Miss Universo brasileira — explicou Lobão.
— Uma piranha qualquer? Como assim, uma piranha qualquer? — irritou-se Alice.
Lobão ignorou.
— Ei! Oi! Eu fiz uma pergunta! — insistiu Alice, irritada.
— Alice... Não vou brigar com você por causa da Martha Rocha. Na verdade, não vou brigar com você e ponto.
— É só uma pergunta. Você pode responder normalmente, ou não?
Bernardo assistia à discussão pelo retrovisor.
— Eu posso responder, mas sei aonde isso vai parar, e não é bem o que eu queira.
— Então me diz exatamente aooooonde isso vai parar. Diz. AONDE... ISSO... VAI... PARAR? — perguntou Alice, com raiva.
— Cala a boca, Alice. Apenas CALA A BOCA! — gritou Lobão.
— Você quer que eu cale a boca? Eu? Calar a boca? Porque sou uma piranha qualquer? Que nem essa tal de Martha? Bom. EU NÃO VOU CALAR A BOCA!
Lobão levantou a mão, agressivo.
— Para com isso, Lobão! — interferiu Isabela, do banco da frente.
Bernardo suspirou.

— SE VOCÊ ME BATER, EU DESÇO DO CARRO AGORA! — ameaçou Alice.

— Fala sério, Lobão... para com isso — disse Bernardo, tentando acalmar os ânimos.

— Ah, então vocês TODOS acham que eu tenho que parar? São três contra um? Quer saber... Eu que vou descer do carro. Bernardo, para aqui. Vou sair!

— Ah, Lobão, fala sério... Se acalma, tá?

— BERNARDO, PARA AQUI. EU VOU DESCER. AGORA!

A viagem mal tinha começado e Lobão já tinha desistido. Bernardo parou no acostamento, na entrada do Túnel Rebouças. Lobão abriu a porta, saiu e bateu-a com força. Sem olhar para trás ou dizer qualquer coisa, andou de volta para casa, deixando Bernardo, Isabela e Alice estarrecidos no meio da rua.

Apesar da briga, o fim de semana de descanso com os amigos foi bom. Alguma diversão, natureza e relaxamento. Mas, quando Alice voltou para o Rio, as brigas com Lobão continuaram. Discutiam por qualquer coisa. Conversas casuais do dia a dia se tornavam graves problemas. Estavam sempre nervosos.

Certa tarde, a caminho do estúdio, Lobão parou no sinal de trânsito. Fazia calor. Alice abriu a janela do carro. De repente, um garoto parou ao lado do carro e estendeu a mão puxando o colar de Alice.

— AAAH! — gritou Alice. — LOBÃO! DIRIGE! DIRIGE! DIRIGE!

Lobão pisou no acelerador, mas a mão do garoto ficou presa entre o pescoço de Alice e a joia. O ladrão foi arrastado por uns poucos metros antes de desistir e soltar. O colar de Alice sobreviveu, mas o episódio aumentou a tensão entre os dois.

No meio disso tudo, completaram o primeiro álbum de Lobão e Os

Ronaldos, com o nome pouco surpreendente de *Ronaldo foi pra guerra*. O disco trazia faixas como "Corações psicodélicos", escrita com Júlio, "Bambina", escrita com Alice, e o hit "Me chama", escrito apenas por Lobão. Enquanto o álbum subia rápido nas paradas de sucesso, o relacionamento de Alice e Lobão desabava.

A caminho de um show, Alice sentiu que havia algum problema. Lobão estava esquisito, mais frio do que o normal. Olhou para ele e, de repente, sentiu que ele a estava traindo. Sem hesitação, disse:

— Você está transando com outra pessoa!
— O quê? — respondeu Lobão, surpreso.
— Eu sinto. Eu sei — respondeu ela, decidida.

A cabeça de Alice já estava a mil, e ela sabia mais:

— Você anda transando com outra pessoa na NOSSA cama! — gritou, furiosa.

Lobão parou o carro no sinal vermelho.

— Eu simplesmente sei! — acrescentou ela, com a voz falhando.

Então Alice abriu a porta do carro sem prestar atenção no trânsito e correu o mais rápido que pôde. Lobão desligou o motor e foi atrás dela, deixando o carro no cruzamento, mas Alice já tinha desaparecido na noite carioca. Lobão procurou por ela por uns dez minutos antes de desistir. Quando voltou para o carro, ele ainda estava lá, na frente do sinal. Mas as portas estavam escancaradas e os instrumentos tinham sido roubados.

— Puta merdaaaa — gritou ele, socando o veículo.

Lobão entrou no carro e ligou para a casa de shows a fim de cancelar a apresentação. Então esperou Alice voltar para casa. Às três da manhã, ela chegou. Lobão estava sentado à mesa da cozinha, com um copo de uísque na mão. Sem que Alice perguntasse de novo, ele confessou que estava transando com a prima de 16 anos, Daniella, e queria terminar com Alice. Ela sentiu o estômago se revirar. O término com Júlio tinha acontecido devagar. Este agora era tão de repente. Alice ficou tonta. Ali, no apartamento deles, não sabia o que fazer. Furiosa e devastada, foi embora na mesma noite sem dizer uma palavra.

Com o fim do relacionamento, Alice abandonou Lobão e Os Ronaldos. Não aguentava mais a dinâmica da banda, e decidiu entrar em contato com a gravadora e perguntar se a apoiariam em sua carreira solo. Quando chegou para a reunião com os executivos da WEA, esperou no corredor. Estava ali, vendo três homens através de uma divisória de vidro, sem nada escutar. Via seus gestos e rostos enquanto eles discutiam.

— É o Ritchie de saias! Exótica. Europeia. E a gente pode aproveitar as revistas de fofoca para falar do relacionamento dela com o Júlio Barroso e o Lobão. Vai vender bem. Tenho certeza! — gritou o mais jovem.

— Mas musicalmente... é boa? — perguntou o mais velho.

— Não é ruim. Canta direito e toca teclado bem — respondeu o terceiro.

Pelo telefone, Alice tinha dito aos empresários que iria abandonar Lobão e Os Ronaldos. Agora, três engravatados decidiam se ela teria alguma chance como artista solo.

— Mas a gente já tem aquela outra garota, né? Qual é o nome dela? — perguntou o mais velho.

— É, a do Kid Abelha. Também não é má... mas acho que a gente devia dar uma chance a Alice.

Os três ficaram em silêncio por um momento. Podiam ver

Alice esperando impaciente no corredor. Eles tinham o poder de decidir sobre a carreira daquela jovem. Por fim, a chamaram para entrar.

— Vamos fazer o seguinte — disse o mais velho. — Você vai lançar um compacto. É pra ser pop e chiclete. Com uma boa produção. Aí a gente vê como o público responde. E começamos a te promover.

Alice se empolgou. "Uau! Que rápido!" Começou a ter mil ideias enquanto eles discutiam os planos da carreira dela.

— Quem a gente convida pra produzir? — perguntou o mais jovem.

— Vamos chamar o Liminha. Pedir uma coisa bem pop, pra dançar.

Foi essa a decisão. Alice já tinha planos desenhados para uma carreira solo.

— Ótimo, garota! — disse o mais velho. — Vamos começar a trabalhar nisso.

Liminha era um produtor talentoso que tinha começado a carreira como baixista dos Mutantes. Ele tinha o próprio estúdio, que era considerado de ótima qualidade. No dia da gravação de Alice, ela deu de cara com as meninas do B-52s, que estavam na cidade para tocar no Rock in Rio. Era 1985, e, por um momento, Alice pensou em Júlio, em como ele teria amado conhecê-las. Certamente as teria abordado, conversado com elas e as convencido a tocar com a Gang. Quando Alice pensou em cumprimentá-las, uma das vocalistas do grupo comentou:

— Ha! Olha pra ela. Que roupa engraçada. Essas brasileiras se vestem de um jeito muito esquisito mesmo!

Alice ficou impressionada, se afastou, fingiu não entender, sorriu e entrou no estúdio. "Americanas idiotas."

Liminha e Alice começaram a trabalhar em duas músicas. Primeiro, um pop animado, "24 Frames Per Second", que Alice escreveu com a amiga Isabela, namorada de Bernardo, toda em inglês. A segunda, uma balada chamada "Baby Love", que escreveu com Liminha e Leoni. Ela convidou alguns dos antigos colegas de banda para ajudar. Luiz Paulo Simas e Billy Forghieri toparam, felizes. Por um breve momento, parecia que tinha encontrado um novo caminho. Estava construindo uma carreira solo como uma Debbie Harry brasileira, trabalhando com um bom produtor e músicos confiáveis. Estava confiante e feliz, saindo com alguns caras diferentes, mais ou menos ao mesmo tempo, sem compromisso. A vida, enfim, estava boa. Quando a *Playboy* ligou para convidá-la para uma sessão de fotos para o artigo "As garotas do rock", ela se sentiu novamente no controle. Nada de Júlio nem Lobão mandando em sua vida. Dessa vez, *ela* decidiria tudo sobre a sessão de fotos: a iluminação, a decoração, a nudez e o fotógrafo. Tinha as rédeas da própria vida agora, não dependia de homem nenhum.

Certa manhã, Alice estava tomando café quando deu de cara com o anúncio de um show do Lobão no jornal. No Canecão, tradicional casa de shows do momento. Depois, o público seria recebido pelo famoso roqueiro! A imagem de Lobão provocou uma sensação desconfortável em seu corpo. Saber onde Lobão estaria lhe causava dor e ansiedade. Ela foi encontrar uns amigos, principalmente em busca de drogas. Precisava ficar chapada. Precisava encontrar Lobão. Precisava deixá-lo com ciúmes. Queria que ele visse que ela estava ótima. Pensou em chamar um garoto para ter pendurado em seu pescoço quando esbarrasse casualmente com Lobão.

O dia levou uma eternidade para passar. Alice chegou cedo demais ao show, sozinha. Irritada, precisou admitir que o show era ótimo. Lobão era charmoso no palco, cheio de energia, enquanto tocava as ótimas canções que tinham composto juntos para o álbum. Por fim, chegou a hora do encontro. Nos bastidores, garotas riam e conversavam, com cervejas e cigarros nas mãos. Alice se esgueirou, procurando espaço para se aproximar. Viu Lobão nos fundos, brilhando e suando, bebendo um copo de uísque, cercado de amigos que esperavam por ele. Quando chegou a vez de Alice, ela não sabia o que fazer. Tentou sorrir, estendeu a mão e cumprimentou tanto Lobão quanto sua nova mulher de um jeito desajeitado:

— Oi! Alice, prazer!

Antes que eles pudessem dizer qualquer coisa, Alice se virou e foi embora.

Ela não aguentava mais, e foi atrás de drogas para afogar as mágoas. Quando as encontrou, logo começou a viajar. As drogas combinadas com a dor de cotovelo a deixaram completamente apática. Não sentia nada. Não comia e perdeu ainda mais peso. Quando dias depois recebeu um telefonema da gravadora depois, esperou, desesperada, que quisessem falar do próximo compacto, ou até propor um álbum completo. Mas o assunto era outro.

— Alice, sinto muito, mas o compacto não está indo muito bem nas paradas. Vamos fazer uma pausa por enquanto e focar no Kid Abelha. A gente te liga quando tiver novidades, tá?

Ela ficou em silêncio por um momento, mas abriu o mesmo sorriso que tinha oferecido a Lobão e seu novo par dias antes.

— Vou fazer tudo sozinha, então!

Mas gravar um álbum sem a gravadora era mais difícil do que ela esperava. Alice reservou um estúdio caro, mas os músicos chegavam atrasados, quando apareciam. A criatividade a havia abandonado, e depois de dias tentando produzir algum material novo, ela ainda não tinha nada. Em dado momento, Luiz Paulo Simas a abordou:

— Alice, você acha que vamos ter algum show em breve? Tenho família agora, preciso mesmo do dinheiro. Algum show nas próximas semanas?

"Shows? Nas próximas semanas? A gente está sofrendo há dias para fazer uma música, e nem isso dá certo. Show? No que ele está pensando?" Sem responder, ela abandonou o estúdio. Andou a esmo pelas ruas e, quando chegou a Copacabana, desceu até a areia da praia e sentou. Bebeu água de coco e observou as pessoas em volta. À esquerda, corpos seminus de morenas gatas suando sob o sol carioca. À direita, beatniks e rastafáris batendo papo. Olhou como era bonito o vaivém da água batendo na areia. Mas tudo em que conseguia pensar era: "O que estou fazendo aqui?"

Naquela noite, decidiu que bastava de Brasil e que voltaria para a Holanda. Antes de tomar qualquer atitude, porém, recebeu um telefonema do Grupo Abril.

— Oi, Alice — disse uma voz bem jovem. — Estamos montando a MTV Brasil. A sua gravadora nos disse que talvez você topasse fazer um teste pra ser uma das nossas primeiras VJs!

Ela levou um susto. Achava que a gravadora tinha desistido completamente dela. Que proposta! Talvez fosse a sua grande oportunidade. Talvez só precisasse de paciência.

— Claro! Vou adorar.

— Pode vir a São Paulo?

Em vez de ir para a Holanda, Alice foi para São Paulo tentar uma nova carreira. Na Abril, fez um teste muito bom com uma equipe jovem e entusiasmada. Saiu de lá com um sorriso imenso, dessa vez nada cínico. Será que São Paulo lhe daria outra oportunidade? Ela estava otimista. Passeou pelas ruas e decidiu chamar Gigante para tomar um café antes de voltar para o Rio. Meia hora depois, se encontraram numa padaria de bairro. Ela o cumprimentou com um abraço.

— Como você tá, Gigante?

— Bem. Ocupado. Tenho tocado com o Itamar e também com a Gang!

— Sério? Com a Gang? — perguntou Alice, surpresa.

— Taciana decidiu continuar a banda. Agora se chama só Gang 90, sem as Absurdettes. Eles estavam acabando um álbum novo quando o Júlio morreu.

— Eu não sabia.

— Toquei bateria no disco. Paulo Lepetit o baixo, Gilvan Gomes fez a guitarra.

Ele ficou quieto por um momento e tomou um gole de café.

— Não é ruim, tem umas músicas boas. Júlio escreveu quase todas. Vai sair daqui a umas semanas... chama *Rosas e tigres*.

Alice não sabia o que pensar. Claro que era lindo que Taciana tivesse continuado o trabalho, nem que fosse em homenagem ao Júlio, mas também era estranho. Ninguém da Gang original estava com eles, além de Júlio. Nada de May East, de

Denise, de Herman... nem dela. Quem era essa gente nova? Paulo? Gilvan? Quanta Gang tinha nessa Gang 90?

Alice quebrou o silêncio:

— Eu não sabia que o Júlio tinha escrito tanta coisa nova.

— É, tudo sozinho — disse Gigante, sorrindo docemente para Alice. — Saudades daquele doidão.

— Eu também — respondeu Alice, baixinho. — O amor da minha vida.

Ficaram em silêncio por um tempo e saíram da padaria. Alice chamou um táxi e deu um abraço em Gigante. Se despediu de seu antigo baterista e seguiu para Congonhas.

No Rio, esperou alguns dias pelo telefonema da MTV. Entretanto, o telefone nunca tocou. Esperou mais. E mais. E nada. Depois de uma semana, decidiu ligar ela mesma. Um dos produtores respondeu:

— Ainda estamos resolvendo umas questões de licença, autorizações e orçamento... espera mais um pouco, por favor. A gente te liga!

E ela esperou. Dava voltas no apartamento, com medo de perder o telefonema. Lia, sem concentração. Ouvia música, sem interesse. E nada. Certo dia, entendeu que eles não ligariam. "Mais uma promessa brasileira que não dá em nada." Ela não aguentava mais. Com raiva, jogou o telefone com força contra a parede. Foi até a agência de viagens mais próxima e comprou uma passagem para a Holanda, apenas de ida. Dois dias depois, pegou um avião para Amsterdam e abandonou o Brasil. Cinco anos depois, a MTV Brasil seria inaugurada, sem a VJ Alice Pink Pank.

De volta a Tilburg, sua cidade natal, Alice queria voltar à indústria da música, agora que tinha experiência. Contou para todo mundo que tinha tocado para públicos de quase 30 mil pessoas em bandas como Gang 90 & Absurdettes e como Lobão e os Ronaldos, e que aparecera em programas de TV como o *Chacrinha* e o *Fantástico*. Todos deram de ombros, achando que ela estava inventando coisas. Na Holanda, ninguém conhecia Gang 90 nem Chacrinha. Ninguém estava interessado.

Por sorte, sua irmã Sylvia namorava um músico talentoso chamado Antoine Kroes, que estava montando uma banda de new wave, a Longstoryshort. Ele estava procurando um tecladista, e Alice combinava perfeitamente. Ela começou com total entusiasmo, mas logo descobriu que os membros da banda eram sérios demais. Tudo era pesado e tudo precisava ser reescrito, repensado e rediscutido centenas de vezes. Se as letras não falassem dos grandes problemas do mundo, a banda achava que eram um fracasso. Nos ensaios, todos chegavam na hora. No estúdio, todos estavam preparados. Ninguém ria nem parecia se divertir. A gravação da primeira música, "Precious Time", levou o tempo exato de estúdio que haviam marcado. Não era ruim, uma espécie de cópia dos Talking Heads sobre ser decidido na vida e lutar por causas importantes no pouco tempo que temos. Para surpresa da banda, a música não passou despercebida. O júri do prêmio de Melhor Banda dos Países Baixos ouviu e deu o primeiro lugar de 1986 para a Longstoryshort. A banda foi convidada para tocar no popular programa de TV *Countdown*, e os garotos estavam extremamente nervosos. Alice teve que rir. Já tinha feito isso tantas vezes, para públicos tão maiores! Depois do show, Antoine disse à banda que não estava feliz. Temia que o prêmio acabasse com o seu processo criativo, e, quando várias gravadoras os procuraram, recusou todas as ofertas. Alice não acreditava.

— Quero que a banda continue a longo prazo — disse Antoine, seriíssimo. — Temo que esse caminho seja impedido por dinheiro, fama e sucesso. É por isso que não vou aceitar oferta alguma de nenhuma gravadora.

Alice não conseguia acreditar e decidiu abandonar a banda ali mesmo.

Acabou cantando em bandas locais, tocando covers em festas de casamento e aniversário. Aos poucos, trocou o trabalho na música pelo trabalho em restaurantes e jardins de infância. No final da década de 1980, a new wave morreu. Os Talking Heads acabaram. Kid Creole and The Coconuts sumiram. A Gang 90 lançou mais um último álbum e deixou de existir. No Brasil, começou a ser esquecida. Ninguém mais sabia direito da Gang. Não se falava mais em Júlio Barroso. Na Holanda, ninguém jamais conhecera a Gang 90, nem Júlio, então não havia nada a esquecer. Só quem os conhecia era Alice. Só ela conhecia a banda. Só ela conhecia *seu* Júlio e a aventura inacreditável que vivera. Era a *sua* memória. O *seu* segredo. A *sua* história.

Nota do autor

Noite de domingo é noite de pizza! Em 2016, eu estava em São Paulo, jantando na casa do Augusto e da Carol. Augusto é um ávido colecionador de discos, antes conhecido como a metade do duo Selvagem e agora como o DJ Trepanado. Essas noites são sempre uma alegria. Com Augusto botando discos para tocar e fazendo mil comentários.

— Escuta só! Isso é ótimo, tem uns sintetizadores anos 80... do Norte. Pouquíssimo conhecido.

Me considero um apaixonado por música brasileira, e um colecionador, mas não sou tão radical quanto o Augusto ou colecionadores europeus como Antal Heitlager ou John Gómez. Tenho um programa quinzenal na Red Light Radio, em Amsterdã, e um programa mensal na Operator Radio de Roterdã, além de, às vezes, atacar de DJ em festas e festivais. Mas música é apenas um hobby, ainda que um hobby enorme, que ocupa uma grande parte do meu tempo e consome uma boa parte do meu dinheiro. Mas eu gosto — ou melhor, eu adoro.

Na metade da pizza, Augusto pôs para tocar um disco que eu nunca havia ouvido antes. Tinha um som anos 1980, meio pop, bem... diferente.

— O que é isso? — perguntei.

— É a Gang 90. Uma banda estranha. Eles têm umas músicas muito boas, mas às vezes os vocais e a qualidade musical deixam a desejar.

Faço um gesto para demonstrar quanto me agrada quando ele põe para tocar a faixa "Jack Kerouac".

— Uau. Muito boa.

— É... essa foi lançada em uma compilação há uns anos. *The Sexual Life of the Savages*. Bom disco!

Paro para pensar e me lembro que tenho o disco em casa, mas nunca prestei atenção naquela música.

— É uma banda bem interessante — continua Augusto. — Uma das cantoras era alemã, ou holandesa, não sei direito... — murmura.

Fico surpreso. Uma cantora holandesa? Em uma banda brasileira? Que história é essa?

Augusto me entrega o encarte do disco e eu confiro os detalhes. Um nome se destaca nos créditos: *Alice Vermeulen*.

"Vermeulen" é um sobrenome tipicamente holandês. Nunca conheci nenhum alemão com esse nome.

— Alice Vermeulen? — confirmo com Augusto.

— É, ela mesma. Chegou até a ter uma carreira solo aqui no Brasil como Alice Pink Pank, mas depois sumiu.

Fiquei cismado.

— Ela era filha de algum imigrante holandês?

— Não sei, cara — responde Augusto.

"Alice Vermeulen? Uma garota holandesa em uma banda new wave brasileira no começo dos anos 1980? Que estranho!"

De volta aos Países Baixos, a história continua a atiçar minha curiosidade. A pouca informação que encontro sobre ela é, no mínimo, confusa. Essa Alice Vermeulen foi backing vocal do U2? Na verdade, era australiana, nascida em Brisbane? Ganhou o Grote Prijs em 1986, mas também morou na Grécia? Estou intrigado. Procuro e acabo encontrando a Alice através das redes sociais. Mando várias mensagens, mas não recebo resposta alguma. A história me acompanha por algum tempo, e após várias tentativas de contato, desisto. Alice Vermeulen continua um mistério.

Quase um ano depois, finalmente recebo uma resposta.

Caro Jorn, apaguei sua mensagem por acidente! Desculpa, por isso demorei a responder. Que legal o seu interesse pela minha música. Será legal conversar sobre isso.
Cumprimentos, Alice.

A mensagem é quase simples demais para alguém que na minha cabeça tinha se tornado um enorme mistério. Respondo que adoraria encontrá-la, e, uma semana depois, estou ao lado dela em um bar de sua cidade natal, Tilburg, no sul da Holanda.

Alice Vermeulen é uma mulher baixa e simpática, com um ar um pouco apressado. Quando a encontro, tenho perguntas demais a fazer. Quero saber de tudo. E, enquanto conta a primeira parte de sua história, me surpreendo ao ver como ela a faz soar simples e ordinária.

"É, fui ao Brasil no começo dos anos 80."

"É, estive numa banda que tocou várias vezes no *Chacrinha*."

"É, fiz shows para dezenas de milhares de pessoas no Maracanãzinho."

Ela falava como se fizesse a lista de compras do supermercado.

Uma hora depois, Alice precisava partir. Até aquele momento só havia conseguido perguntar 5% do que queria saber, então combinamos um novo encontro em algumas semanas.

Ao longo dos meses seguintes, vou conhecendo pouco a pouco os episódios da inacreditável história de Alice, quase boa demais para ser verdade. Faço um podcast com partes da nossa conversa e posto na internet. Na mesma época, encontro Isabel Diegues para um almoço em São Paulo e conto a história de Alice. Ela fala sobre a série O Livro do Disco, que vem publicando na sua Editora Cobogó, e propõe:

— Que incrível! Por que você não escreve um livro sobre a Gang 90?

E com essa pergunta começa o livro. "Claro!", respondo, sem pensar.

De início, hesitei em escrever. Sou holandês e tenho pouco conhecimento da língua portuguesa. Seria a pessoa certa para escrever um livro sobre um episódio essencial da música brasileira? Sobre um período na música que tem tanto a ver com as mudanças sociais e políticas do país? Sobre uma banda que é considerada uma das pioneiras do rock no Brasil?

Em 1981, quando a Gang 90 foi criada, eu tinha quatro anos e andava de bicicleta pela cidade de Hoorn, no interior da Holanda. Apesar do meu amor pela música brasileira e do meu interesse pela cultura brasileira, simplesmente não teria o conhecimento necessário para escrever um livro que fizesse justiça a esse período complexo e às várias camadas da cultura musical no Brasil. A única maneira de escrevê-lo seria adotando a perspectiva de um estrangeiro — a perspectiva de Alice. Precisaria me colocar no lugar dela e imaginar como teria sido entrar na sociedade brasileira como cidadã holandesa e se tornar parte importante de um momento tão surpreendente e exuberante. E foi esse, então, o ponto de vista que escolhi para o livro, e só assim pude escrevê-lo.

Este livro não pretende ser a história definitiva da Gang 90 & Absurdettes — que continua muito além do primeiro álbum, *Essa tal de Gang 90 & Absurdettes* —, nem a história definitiva de Alice Vermeulen ou de Júlio Barroso, músico e poeta idealizador e fundador da banda. Este livro tenta traçar um esboço do ambiente no qual um grupo de jovens de 20 e poucos anos fez um disco diferente e divertido que se revelou um ponto de virada na história da música brasileira. Um álbum que incorporava influências estrangeiras quando o país lentamente se abria para o resto do mundo. Que se dirigia especificamente a um novo grupo de ouvintes: os jovens e adolescentes. Um álbum que marca o momento do surgimento de tantas outras bandas de rock brasileiras, da Blitz ao Ira!, dos Voluntários da Pátria aos Titãs. Mas este livro é, também, a história de uma jovem holandesa de 20 anos que se torna parte de uma banda ícone de um período crucial de transformação da música brasileira. Uma história extraordinária.

Este livro não existiria se não fosse por Isabel Diegues. Inúmeras horas de leituras e conversas sobre a história, a linguagem e o clima do livro me ajudaram a dar forma a esta narrativa, em uma jornada incrivelmente gratificante e inspiradora. Muito obrigado por tudo.

Para escrever este livro, entrevistei mais de 35 pessoas que estiveram envolvidas de uma forma ou de outra na criação do primeiro álbum da Gang: de membros da banda a fãs, de amigos a músicos contemporâneos. Cinco importantes fontes de informação infelizmente faleceram: Júlio Barroso, Denise Barroso, Gigante Brazil, Ezequiel Neves e Wander Taffo. Dos integrantes da formação original da banda, que criou esse primeiro álbum, conversei longamente com Alice Vermeulen, May East e Herman Torres. Também conversei com Taciana Barros, que não esteve nas gravações de *Essa tal de Gang 90 & Absurdettes*, mas, tendo substituído Alice, foi quem continuou o legado da banda, com shows e apresentações pelo Brasil. Também conversei com vários músicos envolvidos com a banda e com os shows; dentre eles, as entrevistas mais importantes foram as com Lobão, Miguel Barella, Thomas Pappon, Claudia Niemeyer, Billy Forghieri e Sandra Coutinho. Falei ainda com duas figuras fundamentais na fundação da banda: Nelson Motta e Okky de Souza. Entrevistei também os antigos produtores da Gang, Luiz Fernando Borges e Pena Schmidt. Por fim, colegas músicos me forneceram bastante informação sobre a cena musical da época, principalmente Akira "S" Tsukimoto, Arto Lindsay e Guilherme Arantes.

Muitas histórias pessoais de Alice chegaram a mim por meio de suas cartas enviadas, no início dos anos 1980, a melhor amiga da época, Rosana Pires Azanha. Essas cartas foram uma importante fonte de informações e detalhes. Outra fonte igualmente valiosa foi Bernardo Vilhena, que me falou sobre o período em que Alice viveu com Lobão no Rio e gravou o álbum *Ronaldo foi pra guerra*, de Lobão e Os Ronaldos. Muito da história de Júlio Barroso me foi contada por Antônio Carlos Miguel, amigo e coeditor da revista *Música do Planeta Terra*. O poeta Tavinho Paes descreveu para mim vividamente várias aventuras do grupo de amigos. Histórias sobre a época de Júlio em Nova York vieram de Valdir Zwetsch e Neville d'Almeida, enquanto detalhes cruciais sobre a Pauliceia Desvairada me foram contados por Monica Figueiredo, Luis Crispino e Vania Toledo, que lá trabalharam. Tete Martino me ajudou com mais dados da cena do ponto de vista dos fãs, e, por fim, Leonardo Netto, Clive Stevens, Sonia Miranda, Jorge Salomão, Celso Brandão e Liana Padilha preencheram lacunas e cenas cruciais sobre aqueles anos.

Meu mais sincero agradecimento pela escrita deste livro vai para Alice Vermeulen e para Miguel Barella, May East, John Gómez, Antal Heitlager, Augusto Olivani, Cesar Augusto, Carolina Vasone, Claudia Lima, Ron Santing, Tijs van Santen, Karen Barahona, Cris Naumovs, Millos Kaiser, Paulão Sakae Tahira, Ramiro Zwetsch, Isabel Diegues e toda a equipe da Cobogó.

A todos, o meu muito obrigado.

Fotografias

p. 56: Júlio Barroso entre amigos na Praia de Ipanema, Rio de Janeiro, 1975

p. 57: Alice Pink Pank e Rosana Pires Azanha, 1980 | Júlio Barroso no terraço de um prédio, Nova York, 1982

p. 58: Cartaz encartado na primeira edição da revista *Música do Planeta Terra*, 1975

p. 59: Júlio Barroso e Dom Pepe no Noites Cariocas, Morro da Urca, Rio de Janeiro, 1982

p. 120: Alice Pink Pank em show no teatro Lira Paulistana, São Paulo, 1981

p. 121: Duas apresentações no Lira Paulistana, São Paulo, 1981

p. 122: Gang 90 & Absurdettes em sua primeira formação durante sessão de fotos, São Paulo, 1981; com Denise Barroso, Alice Pink Pank, Júlio Barroso, May East e a quarta absurdette, Luiza Maria

p. 123: A Gang assinando o contrato do primeiro disco com a gravadora RCA, 1981; com May East, Hélcio do Carmo, diretor da gravadora, Denise Barroso, Alice Pink Pank, Herman Torres e Luiz Fernando Borges; sentado, Júlio Barroso | A Gang na praia de Ipanema, com o cineasta Neville d'Almeida

p. 172: Sala de embarque do aeroporto de Congonhas, São Paulo, rumo ao show em Florianópolis, 1981; com Lobão, Billy Forghieri e Júlio Barroso | Backstage Festival de Piatã, Salvador, 1982; com Herman Torres, May East, Júlio Barroso, Miguel Barella, Denise Barroso e Lobão; deitado, Billy Forghieri

p. 173: Lobão e Júlio Barroso em quarto de hotel, Florianópolis, 1981 | Júlio Barroso em conversa com May East

p. 174: Gang 90 & Absurdettes em sua segunda formação, São Paulo, 1983; com Denise Barroso, Júlio Barroso, Taciana Barros, Herman Torres e May East

p. 175: Alice Pink Pank

Fotógrafos: Antônio Carlos Miguel, p. 56; Miguel Barella, p. 172 e 173 (acima); Nelson Motta, pp. 67 e 122; Renato dos Anjos, p. 57 (abaixo); Sergio Berezovsky, Abril Comunicações S.A., p. 174.

Todos os esforços foram empenhados na obtenção das autorizações das imagens reproduzidas neste livro. Caso tenha ocorrido qualquer omissão, os direitos encontram-se reservados aos seus titulares.

As letras das canções estão transcritas de acordo com o encarte original do disco, *Essa tal de Gang 90 & Absurdettes*, assim como os créditos dos compositores e produtores, por indicação dos autores e da gravadora.

As opiniões emitidas nesta publicação são de exclusiva e inteira responsabilidade do autor, não exprimindo, necessariamente, o ponto de vista da editora.

© Editora de Livros Cobogó, 2019

Organização da coleção
Frederico Coelho e Mauro Gaspar

Editora-chefe
Isabel Diegues

Edição
Natalie Lima

Gerente de produção
Melina Bial

Tradução
Sofia Soter

Revisão de tradução
Diogo Henriques

Revisão final
Eduardo Carneiro

Capa
Radiográfico

Projeto gráfico e diagramação
Mari Taboada

CIP-BRASIL. CATALOGAÇÃO-NA-FONTE
SINDICATO NACIONAL DOS EDITORES DE LIVROS, RJ

        Konijn, Jorn, 1977-
C141c   Essa tal de Gang 90 e Absurdettes / Jorn Konijn; [tradução Sofia Soter]. - 1. ed. - Rio de Janeiro : Cobogó, 2019.
        224 p. : il. ; 19 cm. (O livro do disco)

        "Texto interno escrito em língua inglesa"
        ISBN 978-85-5591-098-2

        1. Barroso, Júlio, 1953-1984. 2. Gang 90 e Absurdettes (Conjunto musical). 2. Grupos de rock - Brasil - Biografia. I. Soter, Sofia. II. Título. III. Série.

19-59081   CDD: 782.421640981
                                                              CDU: 784.4(81)

Meri Gleice Rodrigues de Souza - Bibliotecária CRB-7/6439

Nesta edição foi respeitado o Acordo Ortográfico da Língua Portuguesa de 1990, que entrou em vigor no Brasil em 2009.

Todos os direitos em língua portuguesa reservados à
Editora de Livros Cobogó Ltda.
Rua Jardim Botânico, 635/406
Rio de Janeiro — RJ — 22470-050
www.cobogo.com.br

O LIVRO DO DISCO
Organização: Frederico Coelho | Mauro Gaspar

The Velvet Underground and Nico | *The Velvet Underground*
Joe Harvard

A tábua de esmeralda | *Jorge Ben*
Paulo da Costa e Silva

Estudando o samba | *Tom Zé*
Bernardo Oliveira

Endtroducing... | *DJ Shadow*
Eliot Wilder

LadoB LadoA | *O Rappa*
Frederico Coelho

Daydream nation | *Sonic Youth*
Matthew Stearns

As quatro estações | *Legião Urbana*
Mariano Marovatto

Unknown Pleasures | *Joy Division*
Chris Ott

Songs in the Key of Life | *Stevie Wonder*
Zeth Lundy

Electric Ladyland | *Jimi Hendrix*
John Perry

Led Zeppelin IV | *Led Zeppelin*
Erik Davis

Harvest | *Neil Young*
Sam Inglis

Paul's Boutique | *Beastie Boys*
Dan LeRoy

Refavela | *Gilberto Gil*
Maurício Barros de Castro

In Utero | *Nirvana*
Gillian G. Gaar

Low | *David Bowie*
Hugo Wilcken

Clube da Esquina | *Milton Nascimento e Lô Borges*
Paulo Thiago de Mello

Tropicália ou Panis et circensis
Pedro Duarte

Guerreira | *Clara Nunes*
Giovanna Dealtry

Da Lama ao Caos | *Chico Science & Nação Zumbi*
Lorena Calábria

2019

———————————

1ª impressão

Este livro foi composto em Helvetica.
Impresso pela Gráfica Stamppa
sobre papel offset 75g/m².